Peter Schöllhorn

Spanienimmobilien erwerben, besitzen und vererben

W0402629

6., überarbeitete und aktualisierte Auflage 2019
ISBN 978-3-9805252-3-7
© DSA – Deutsche Schutzvereinigung Auslandsimmobilien e. V.
Freiburg im Breisgau 2019

Alle Rechte, auch die des auszugsweisen Nachdrucks, der photomechanischen Wiedergabe (einschließlich Mikrokopie) sowie der Auswertung durch Datenbanken oder ähnliche Einrichtungen vorbehalten

Titelfoto: Evgeni Tcherkasski/unsplash.com
Satz: MetaLexis, Niedernhausen
Druck: Jungbluth Digital + Print, Freiburg

Inhaltsverzeichnis

Vorwort

Seit circa zwei bis drei Jahren befindet sich der spanische Immobilienmarkt in einem kräftigen Aufwind, wenn auch regional sehr unterschiedlich ausgeprägt, die fast zehnjährige Immobilienkrise ist vorbei.

Wer kaufen will, sollte sich informieren und beraten lassen. Dies gilt umso mehr für potentielle Vermieter, als sich bei der touristischen Vermietung rechtlich und faktisch sehr viel geändert hat.

Sie werden in diesem Ratgeber viele kritische Hinweise und viele Warnungen finden. Diese sollen zu einem sicheren Kauf verhelfen, so dass Sie später Ihre Immobilie in aller Ruhe genießen können. Wenn Sie beim Kauf in der Lage sind, die wichtigsten Unterlagen zu verlangen, die richtigen Fragen zu stellen und die Antworten auch zu verstehen, sind Sie vergleichsweise gut gerüstet.

Schlussendlich möchte ich Ihnen noch eine Mitgliedschaft bei der Deutschen Schutzvereinigung Auslandsimmobilien e.V. empfehlen, damit Sie und Ihr Geld auf der sicheren Seite sind. Sie haben die Möglichkeit, mich im Rahmen der kostenlosen 5-Minuten-Gespräche der DSA e. V. anzurufen (zurzeit dienstags oder donnerstags zwischen 13:45 und 16:45 Uhr, 0761/55012).

Für Kritik und Anregungen bin ich sehr dankbar.
Ich wünsche Ihnen viel Erfolg bei Ihren Unternehmungen und eine gute Zeit in Spanien.

Freiburg, Jahreswende 2018/2019

Peter Schöllhorn

1 Allgemeines

1.1 *España – un lugar para vivir*

Autonome Gemeinschaften Spaniens (Quelle: TUBS/wikimedia)

Ein Platz zum Leben

Wer die Verbauung der spanischen Mittelmeerküste kennt und kritisiert, wird sich über diese Formulierung „Spanien – ein Platz zum Leben" vielleicht wundern. Wer aber auch Land und Leute kennengelernt hat, wird sicherlich zugestehen, dass Spanien sowohl für Urlauber als auch für Ruheständler weiterhin sehr interessant und lebenswert ist.

Auch diejenigen, die sich für mehr als nur Sonne, Strand und Meer interessieren, finden vielfältigste Möglichkeiten für einen gelungenen Urlaub oder auch längeren Aufenthalt. Es gibt unzählige Reiseführer, auch auf der offiziellen Internetseite des Spanischen Fremdenverkehrsamtes www.spain.info finden sich viele Vorschläge und Informationen. TURESPAÑA ist mit Büros in Berlin, München, Frankfurt und Düsseldorf vertreten.

Zwar gab es wegen des Rekordansturms von Touristen Proteste. Betrachtet man den Massentourismus und seine Auswüchse, erscheinen diese Proteste aber durchaus verständlich. Auch fehlen zurzeit in touristischen Gebieten und sehr nachgefragten Städten wie Barcelona durch die kurzfristige touristische Vermietung von Zimmern und Wohnungen über internationale Internetportale Wohnmöglichkeiten für Saisonkräfte und die Einwohner, die finanziell nicht mithalten können. Insgesamt gesehen erträgt aber die spanische Bevölkerung den Ansturm von Ausländern in aller Regel mit großer Gelassenheit und Freundlichkeit.

„Autonome Gemeinschaften" und Provinzen

Königreich Spanien – *Reino de España* – ist die offizielle Bezeichnung für das Land Spanien.

Spanien hat 17 Gebietskörperschaften, die *Comunidades Autónomas* (autonome Gemeinschaften) genannt und hin und wieder als vergleichbar mit den deutschen Bundesländern bezeichnet werden: Galicien, Asturien, Kantabrien, Baskenland, Navarra, Rioja, Aragon, Madrid, Kastilien-León, Kastilien-La Mancha, Extremadura, Katalonien, Valencia, die Balearen, Murcia und die Kanarischen Inseln.

Die *comunidades autónomas* bestehen wiederum aus *provincias* (Provinzen). Andorra gehört nicht zum spanischen Staat, ebenso wenig der Felsen von Gibraltar, der noch immer britisches Hoheitsgebiet ist, aber von Spanien zurückgefordert wird. Zum spanischen Staat gehören dagegen die an der nordafrikanischen Küste gelegenen Exklaven und „Autonomen Städte" – *Ciudades Autónomas* – Ceuta und Melilla, die wegen des Flüchtlingsansturms zwischenzeitlich auch in Deutschland bekannt geworden sind.

Die Gemeinschaften wiederum bestehen aus 50 (52 mit Ceuta und Melilla) Provinzen.

1.2 Wetter, Klima und Umwelt

Klima(wandel), Wetter und Temperaturen

Besonders gelobt wird das Klima auf den Kanarischen Inseln und an der *Costa Blanca*. Davon profitieren Urlauber und vor allem Ruheständler, die in der kalten Jahreszeit nach Spanien ausweichen können. Viele Ruheständler finden sich auch an der südlichen *Costa del Sol*.

Dass es aber in Spanien nicht immer warm ist, diese Feststellung kann nur die Urlauber überraschen, die Spanien vom Sommerurlaub her kennen. Auch gibt es große Temperaturunterschiede in Spanien. Im Nordosten kann es auch im Sommer kühl und regnerisch sein, im Süden an der *Costa del* Sol dagegen glühend heiß. Die Temperaturen auf den Kanarischen Inseln sind vergleichsweise ausgeglichen und warm.

Die Auswirkungen durch den Klimawandel sind nicht absehbar, dürften aber Spanien härter treffen als nördlichere Länder. In welchem Ausmaß und mit welchen Konsequenzen, darüber streiten sich Wissenschaftler, Politiker usw. umso mehr. Auch die Frage, wie schnell und um wie viel der Meeresspiegel ansteigen wird, ist sehr umstritten.

Unwetter und Kanalisation

Bei größeren Gewittern ist die öffentliche Kanalisation oftmals überfordert, dies kann zu lokalen Überschwemmungen führen; aber auch Kläranlagen können überfordert sein mit der Folge, dass das Wasser verschmutzt ins Meer fließt und das Baden an den betroffenen Stellen nicht empfehlenswert ist. Aber auch bei Unwettern geringeren Ausmaßes lässt sich immer wieder feststellen, dass die Infrastruktur der Bebauung hinterherhinkt oder vieles nur provisorisch gemacht wurde.

Tipp

Achten Sie beim Immobilienkauf auch auf reguläre Anschlüsse an die – hoffentlich vorhandene und funktionierende – öffentliche Infrastruktur bei Wasser, Abwasser und Strom.

Gota fría

Als *Gota fría* („kühler" oder „kalter Tropfen") werden sintflutartige Regenfälle und Starkregen bezeichnet, die alljährlich in der Herbstzeit auftreten können. Auf Mallorca gab es im Herbst 2018 mehrere Tote, darunter auch Deutsche.

Trockene Bach- und Flussläufe – *barrancos* – werden zu Sturzbächen und reißenden Flüssen.

Nach diesen Regenfällen wissen die meisten Immobilienbesitzer, ob die Bauqualität das hält, was versprochen worden ist.

Tipp

Achten Sie auf behördliche Warnungen vor Unwettern und Verhaltensempfehlungen. Meteorologische Vorhersagen u. a. durch die staatliche *Agencia Estatal de Meteorología* – www.aemet.es/es/portada oder sonstige Wetterportale.

Waldbrände: Strafen und Bußgelder zu gering

Nach Ansicht des WWF könnten viele Brände verhindert werden, wenn die – bewusste oder fahrlässige – Brandstiftung stärker bekämpft würde. „Polizei, Justiz und letztlich die Bevölkerung müssen das Bewusstsein dafür entwickeln, dass es sich bei Brandstiftung um ein Verbrechen handelt. Nur so können die alljährlichen Feuersbrünste bereits im Keim erstickt werden", forderte schon vor vielen Jahren Félix Romero, Leiter des Forstprogramms beim WWF Spanien.

Auch in den vergangenen Jahren gab es schlimme Waldbrände. Ursachen sind Trockenheit, Fahrlässigkeit oder Brandstifter.

Tipp

Wer im waldnahen Bereich lebt, sollte sich von Anfang an über Vorsorgemaßnahmen und Verhaltensweisen im Notfall informieren.

Lärm – *contaminación acústica*

Spanien soll nach Japan das zweitlauteste Land der Erde sein, so eine sehr alte Studie der Organisation für Wirtschaftliche Zusammenarbeit und Entwicklung (OECD). Wer schon mal in Spanien war, wird sich das zumindest gut vorstellen können. Wer eine Wohnung in typischen Touristenhochburgen mit Geschäften und Diskotheken kauft, wird einen hohen Lärmpegel – eine hohe „akustische Kontaminierung" – akzeptieren müssen.

Wer im Urlaub Erholung, Entspannung und Ruhe sucht, muss sich die Umgebung sehr genau anschauen.

Tipp

Wer sich eine Eigentumswohnung kauft, sollte sich sehr genau nach dem Schallschutz erkundigen. Sehr dünne Wände und eine laute Nachbarschaft haben schon manchen Käufer enttäuscht.

Trocknet Spanien aus?

Spanien hat 2017 dürre Zeiten erlebt mit den üblichen Begleiterscheinungen an ausgetrockneten Böden, leeren Stauseen, zu Rinnsalen verkümmerten Flüssen und mit großen Einbußen in der Landwirtschaft wegen Wassermangels. Laut Medienberichten litt die iberische Halbinsel im vorletzten Jahr unter der schlimmsten Dürre seit mehr als zwei Jahrzehnten. 2018 war dagegen eher durch Unwetter geprägt. Die Ursachen sind altbekannt, aber nie konsequent angegangen worden. Die Landwirtschaft verbraucht sehr viel Wasser, der Umgang mit Wasser ist allgemein betrachtet nicht sparsam, was u. a. am allzu niedrigen Wasserpreis liegen mag. Wasserleitungen sind veraltet und mangelhaft.

Meerwasserentsalzungsanlagen sind sehr teuer, sehr umstritten ist die Idee, Wasser aus dem regenreichen Norden über Kanäle in den Süden zu leiten. Vorteilhaft wäre natürlich auch ein sparsamerer Umgang mit Wasser. Die Wasserknappheit wird durch eine mangelhafte Kontrolle und marode Leitungssysteme verschärft.

Ein Teil des Wassers stammt aus illegalen Brunnen, die zur Senkung des Grundwasserspiegels führen. Illegal bedeutet, dass entweder der Brunnen überhaupt nicht zulässig ist oder dass viel zu tief gebohrt wird. Im Fall „Julen" fiel ein zweijähriges Kind in einen illegalen Brunnen, wobei der Brunnen auch nicht vorschriftsmäßig abgesichert war. So medienträchtig die vergebliche Bohrung zur Rettung des Kindes war, so altbekannt ist das Thema illegale Brunnen, ohne dass die Behörden aktiv und wirksam gegen solche Brunnen vorgehen.

Umweltschutzorganisationen

An großen Umweltschutzorganisationen gibt es in Spanien u. a. *Amigos de la Tierra* –www.tierra.org, *Ecologistas en Acción* – www.ecologistasenaccion.org/, *Greenpeace* – https://es.greenpeace.org/es/, *SEO/BirdLife* – www.seo.org/und den *WWF* – www.wwf.es/, aber auch regionale und lokale Organisationen – *asociaciones ecologistas/plataformas*.

Ökologischer Fußabdruck

Nicht nur im Zusammenhang mit Flügen taucht dieser Begriff auf. Damit wird das ökologische Defizit berechnet, das durch bestimmte Verhaltensweisen nicht nur im Urlaub bzw. bei der Hin- und Rückreise sondern auch im Alltag verursacht wird, also auch durch den Lebensstil und -standard im Alltag.

Mit einem interaktiven Onlinerechner unter www.wwf.at/de/fussabdruck. kann jeder Nutzer seinen persönlichen Fußabdruck ausrechnen und damit den persönlichen Ressourcenverbrauch überdenken. Der ökologische Fußabdruck gibt in Hektar an, wie viel Fläche unseres Planeten jemand auf Grund seines Konsumverhaltens zur Befriedigung seiner Bedürfnisse benötigt.

1.3 Ungezügelte Bautätigkeit, Korruption und Küstengesetz und die Entschließung der EU

Corrupción urbanística en España

Das Ausmaß der nicht nur in Marbella aufgedeckten „urbanistischen" Korruption war gewaltig und deshalb auch in deutschen Medien häufig ein Thema. Im Zusammenhang mit den Verhaftungen in Marbella wurden laut Medienberichten Vermögenswerte von geschätzt über 2 Milliarden Euro konfisziert. Es soll „viele Marbellas in Spanien" geben, dies wird nicht ohne Grund vermutet.

In der spanischen Version von Wikipedia lässt sich unter dem Stichwort *Corrupción urbanística en España* eine Aufzählung von Ermittlungs- und Strafverfahren im Immobilienbereich finden. Einige Beispiele aus dieser Liste: in *Zurgena* sollen Baugenehmigungen für 1.300 Chalets auf nicht bebaubarem Grund (*zonas no urbanizables*) erteilt worden sein. Diese Wikipedia-Liste ist weder vollständig noch mag sie über jeden Zweifel erhaben sein, dass es aber Korruption „im Übermaß" gab, ist zwischenzeitlich auch in Spanien unumstritten.

Tipp

Glauben Sie nicht daran, dass es sich immer nur um einzelne Schwarzbauten handeln könne, nicht aber um ganze Siedlungen. Es sollte immer – sowohl bei Neu- als auch bei Altbauten – nach der Baugenehmigung gefragt werden.

Eine unendlich unerfreuliche Geschichte: Küstenschutz und -gesetz

Es war und ist leider ein zeitloses Thema, die rücksichtslose und oft illegale Bebauung der spanischen Küste und die teils willkürliche oder unterlassene Anwendung dieses Gesetzes durch die Behörden.

Laut einem Bericht von Greenpeace hat die Bebauung der Küste in den letzten 24 Jahren um 57 % zugenommen. Die Provinzen mit den am meisten bebauten Küstenstreifen sind Barcelona, Alicante und Málaga. Greenpeace hat 52 Zonen benannt, die mit großer Wahrscheinlichkeit noch bebaut werden. „Protección a toda costa – Un tesoro que no debemos perder" heißt der Bericht vom Juli 2017. „Schutz für jede Küste" wird nicht mehr möglich sein, da schon fast vollständig verbaut. Der Satz „Ein Schatz, den man nicht aufgeben darf" beinhaltet wohl die Hoffnung, dass noch manches gerettet werden kann.

In den achtziger Jahren war das Küstengesetz – *Ley de Costas* – in Kraft getreten, und es enthielt zumindest in Teilen wirklich radikale Schutzvorschriften, die aber nie in Gänze umgesetzt wurden. Das noch ältere Küstengesetz aus dem Jahr 1969 und die sonstigen gesetzlichen Vorschriften hatten die negative Entwicklung nicht zu verhindern vermocht.

Mit dem Küstengesetz aus dem Jahre 1988 wurden verschiedene Schutzzonen eingerichtet: die öffentliche Eigentumszone direkt am Meer (*zona de dominio público marítimo-terrestre – DPMT*), die Schutzzone (*servidumbre de protección*) und die Einflußzone (*zona de influencia*). Die erstgenannte öffentlich-rechtliche Zone sollte dem Staat gehören, Privateigentum sollte ausgeschlossen sein. Nur mit Genehmigungen und Konzessionen sollten zum Beispiel Yachthäfen oder Tätigkeiten ohne feste Einrichtungen möglich sein, in Betracht kommen sollten saisonbedingt Liegestühle und Imbissstände oder ähnliches.

Sehr viele private Immobilien waren und sind von der zweitgenannten Schutzzone – *zona de servidumbre de protección* – betroffen, die sich an die öffentlich-rechtliche Strandzone anschließt und den Grundstückseigentümern nur noch ein zeitlich beschränktes Nutzungsrecht einräumte, und zwar ohne sonstige Entschädigung.

Dies und vieles mehr war im Küstengesetz und dem dazu gehörigen Königlichen Dekret geregelt worden.

Die im Jahr 2013 erfolgten Änderungen des Küstengesetzes machten weder die illegalen Bebauungen rückgängig noch gibt es klare und angemessene Regelungen über Entschädigungen. Vorteilhaft für Immobilieneigentümer in der Schutzzone war die Verlängerung des Nutzungsrechts an der Wohnimmobilie auf bis zu 75 Jahre. Der Schutz der Küste bleibt so zum großen Teil eine Illusion.

Das spanische Küstengesetz ist im Übrigen ein gutes Beispiel dafür, dass eine lasche Handhabung von Vorschriften keine Garantie dafür ist, dass man sich darauf auf Dauer verlassen darf. Manchmal wurde schon im Namen des Küstengesetzes in vergleichsweise radikaler Weise vorgegangen. Aber es war sicherlich kein Zufall, dass davon eher die kleinen Leute betroffen waren.

Entschließung des Europäischen Parlaments vom 26. März 2009

Obwohl schon fast zehn Jahre vergangen sind, lohnt sich die Lektüre mit zahlreichen Befunden zur Küstenbebauung usw., da viele Aspekte an Aktualität nichts verloren haben. Nachdem die Immobilienkrise abgeklungen und der Immobilienmarkt seit einiger Zeit wieder im Aufwind ist, ist zu befürchten, dass sich die alte Misswirtschaft wieder ausbreitet.

Das *LRAU – Ley reguladora de la actividad Urbanistica*, also das Urbanisierungsgesetz im Land Valencia, hatte damals u. a. zu – praktisch gesehen – entschädigungslosen Enteignungen geführt und auch zu überhöhten Forderungen gegenüber Eigentümern für meist unsinnige oder zumindest überflüssige Erschließungsmaßnahmen von „Urbanisatoren". Die Bürgerinitiative *Urbanísticos No – AUN* – nannte dies mit Recht „staatlich sanktionierter Landraub". Diese „Landerschließung" in Valencia war Ausgangspunkt für diese Entschließung vom 26. März 2009, die die Missstände an der Küste und im Immobilienbereich und nicht nur in der Region Valencia sehr konkret aufzeigt und sich „mit den Auswirkungen der ungezügelten Bautätigkeit in Spanien auf die individuellen Rechte von europäischen Bürgern, auf die Umwelt und auf die Anwendung des EU-Rechts (2008/2248(INI))" befasst.

Die folgenden Textpassagen stammen von http://www.europarl.europa.eu/sides/getDoc.do?type=REPORT&reference=A6-2009-0082&language=DE:

- dass die spanischen Behörden 2008 Anweisungen hinsichtlich der Anwendung des Küstengesetzes von 1988 erlassen haben, was viele Jahre lang vernachlässigt wurde, und dass es in dieser Zeit zu umfangreichen Umweltschäden in den Küstengebieten Spaniens gekommen ist;
- dass selbst die derzeitigen Anweisungen keine klaren Durchführungsmaßnahmen für die beteiligten lokalen und regionalen Behörden vorsehen;
- dass sich im Hinblick auf den tatsächlichen Verlauf der Demarkationslinie der Eindruck willkürlicher Festlegung zu Lasten ausländischer Eigentümer, zum Beispiel auf der Insel Formentera, bei den Betroffenen verfestigt hat,
- dass dieses Küstengesetz unverhältnismäßigen Einfluss auf Privateigentümer hat, deren Rechte uneingeschränkt respektiert werden sollten, und dass es gleichzeitig unzureichenden Einfluss auf die wirklich Verantwortlichen für die Zerstörung der Küste hat, (...)
- Dass es viele Beispiele von Fällen gibt, in denen Verwaltungen sowohl auf nationaler als auch auf regionaler und lokaler Ebene dafür verantwortlich sind, dass nicht nachhaltige Entwicklungsmodelle auf den Weg gebracht wurden, die schwerwiegende ökologische, aber auch wirtschaftliche und soziale Folgen hatten,
- dass zwar Ermittlungen und Verfahren gegen gewisse korrupte Kommunalbeamte eingeleitet würden, die durch ihr Verhalten einer die Rechte der EU-Bürger missachtenden beispiellosen und unkontrollierten Zersiedelung Vorschub geleistet und damit der biologischen Vielfalt und der ökologischen Unversehrtheit vieler spanischer Regionen irreparable Schäden zugefügt haben; aber die Ermittlungen und Verfahren gegen gewisse korrupte Kommunalbeamte im Zusammenhang mit solchen Beschuldigungen unerhört langwierig sind und die ergangenen Urteile in vielen Fällen nicht zur Zufriedenheit der Opfer dieses Amtsmissbrauchs vollstreckt werden können und sich daher bei vielen betroffenen nichtspanischen EU-Bürgern der Eindruck von Untätigkeit und/oder Parteilichkeit der spanischen Justiz verfestigt hat,
- dass diese weit verbreitete Praxis – unterstützt durch verantwortungslose Kommunal- und Regionalbehörden und durch unzulängliche und teils ungerechtfertigte Rechtsvorschriften, die oftmals den Zielen mehrerer europäischer Rechtsetzungsakte zuwiderlaufen – ebenso wie die unzulängliche Anwendung der in den Autonomen Gemeinschaften Spaniens geltenden Bebauungs- und Umweltvorschriften bei verschiedenen Bautätigkeiten sowie das Auftreten einiger damit einhergehender bedeutender Fälle von Korruption dem Ansehen Spaniens sowie seinen wirtschaftlichen und politischen Interessen in Europa schweren Schaden zugefügt hat, (...)

- dass sich Tausende EU-Bürger angesichts derartiger Machenschaften noch stärker missbraucht fühlen, nachdem sie infolge der Pläne der Urbanisatoren nicht nur ihr rechtmäßig erworbenes Immobilieneigentum verloren haben, sondern auch gezwungen wurden, die willkürlich angesetzten Kosten unerwünschter, oft unnötiger und überdies ungerechtfertigter Infrastrukturvorhaben zu tragen, die ihre Eigentumsrechte beschneiden und in deren Folge viele Familien finanziell und psychisch am Ende sind,
- dass viele Tausende EU-Bürger unter unterschiedlichen Umständen in gutem Glauben und unter Einschaltung örtlicher Rechtsanwälte, Städteplaner und Architekten Immobilieneigentum in Spanien erworben haben, um anschließend feststellen zu müssen,
- dass sie Opfer der Baukorruption skrupelloser kommunaler Behörden geworden sind und ihren Eigenheimen der Abriss droht, weil sie als illegal errichtet gelten und daher wertlos und unverkäuflich geworden sind.

In Bezug auf den Umweltschutz und Kulturgüter:
- dass die Natur der mediterranen Insel- und Küstengebiete Spaniens in den letzten zehn Jahren schwere Schäden davongetragen hat, da diese Regionen dermaßen zuzementiert und -betoniert wurden, dass nicht nur die schutzbedürftigen Küstenbereiche – die zum großen Teil als Schutzgebiete nach der Habitat-Natura 2000- und Vogelschutz-Richtlinie ausgewiesen sind – darunter gelitten haben, z. B. durch die Ausweisung von Neubaugebieten in Cabo de Gata (Almeria) sowie in Murcia, sondern vielerorts auch das soziale und kulturelle Leben beeinträchtigt wurde, was wiederum einen tragischen und unwiederbringlichen Verlust kultureller Identität und Tradition und der Unversehrtheit der Umwelt zur Folge hatte, (…).

1.4 Aufenthalt: Im Urlaub oder auf Dauer

Aufenthaltsrecht für EU-Bürger und insbesondere Rentner

EU-Bürger haben auch ohne Visum das Recht, sich in anderen EU-Staaten niederzulassen, ob nur für einige Tage, Wochen oder Monate oder dauerhaft, also auch in Spanien. Dies gilt natürlich auch für Zweitwohnungsbesitzer, die ihre Ferienimmobilie aufsuchen.

Nur wer sich dauerhaft niederlassen will, muss eine Krankenversicherung und genügend Mittel für den Lebensunterhalt vorweisen können. Dies ist für Deutsche in aller Regel kein Problem. Abgesehen davon ist Spanien sehr großzügig insofern, als viele Ausländer, auch Nicht-EU-Bürger, in Spanien dauerhaft wohnen, ohne dass sie sich offiziell angemeldet haben. Dazu zählen auch viele deutsche Rentner.

Meist wollen sie ihre Rente nicht in Spanien versteuern und auch nicht den regelmäßigen Gesundheitscheck für den Führerschein mitmachen und außerdem beim Arzt und im Krankenhaus in Spanien auf die Leistungen des spanischen Gesundheitssystems beschränkt sein.

Tipp

Ratgeber „Sorgenfrei leben unter Spaniens Sonne", von Dr. Rainer Fuchs, 2. Auflage 2017, 192 Seiten, ISBN 978-3-00-056205-1.

Nur die Sonne scheint gratis

„Wer sorglos lebt am Mittelmeer, der hat bald keine Mittel mehr", dies besagt angeblich ein altes Sprichwort. Dies mag man dahingehend interpretieren, dass man auch am Mittelmeer nicht nur von Sonne, Strand, Luft und Liebe leben kann.

Viele träumen nicht nur von einer Immobilie in Spanien sondern auch davon, nach Spanien überzusiedeln, und zwar nicht erst im Ruhestand, sondern sehr viel früher, um dort zu leben und zu arbeiten. Bekanntermaßen ist aber die Arbeitslosigkeitsrate hoch, eine unternehmerische Tätigkeit erfordert meist Kapital und bestimmte persönliche Eigenschaften, die eher selten vorhanden sind. Auch hilfreiche deutsche Landsleute vor Ort als Berater sind keine automatische Garantie für Seriosität und Erfolg.

Aussteiger und Umsteiger erreichen in Spanien nicht immer das, was sie sich ursprünglich gerade in finanzieller Hinsicht vorgenommen haben. Die meisten dürften aber zufrieden sein, wenn sie sich ein bescheidenes Leben selbst finanzieren und dort leben können, wo sie es sich gewünscht haben.

Man kann nicht früh genug damit anfangen, Spanisch zu lernen. Andernfalls wird man sich nur in „deutschen Kreisen" bewegen (können). Hilfsweise mag man mit Englischkenntnissen weiterkommen, aber Englischkenntnisse sind in Spanien nicht so verbreitet wie in Deutschland.

Verkehrswege

Gerade wer seine Ferienimmobilie nur für sehr kurze Zeit nutzen kann, ist auf eine verhältnismäßig kurzfristige Hin- und Rückreise angewiesen. Für Spanien gilt, dass die Verkehrsinfrastruktur an den Küsten und auf den Inseln sehr gut ist. Ob aufs Festland oder auf die Kanarischen Inseln oder Balearen, meist gibt es viele Flugmöglichkeiten, auch wenn gerade in der Hochsaison Flüge oftmals ausgebucht sind. Billigfluggesellschaften bieten früher nie gekannte sehr billige und häufige Flugmöglichkeiten.

Wer sein eigenes Auto sofort zur Verfügung haben will, stellt es – wenn möglich – irgendwo in der Nähe des Flughafens bei einem gewerblichen Anbieter derartiger Stellplätze unter.

Unverzichtbar: Die *NIE*-Nummer

Die *NIE – Número de Identificación de Extranjeros* – ist eine Identifizierungsnummer für Ausländer. Davon zu unterscheiden ist die *NIF*. Diese *NIF – Número de Identificación fiscal* – ist für Leute mit spanischem Ausweis. Und dann gibt es auch die *C.I.F. – Código de Identificación Fiscal* – für Unternehmen und Organisationen.

Wer immer in Spanien eine Immobilie kauft, besitzt oder verkaufen will oder geerbt hat, sollte sich gleich „auf Vorrat" eine Steuernummer besorgen. Die Beantragung der Nummer bedeutet zwar einigen bürokratischen Aufwand, die *NIE* ist aber praktisch unvermeidbar.

Die *NIE* ist vorgeschrieben für Ausländer, die aus „ökonomischen, beruflichen oder sozialen Gründen" mit Spanien zu tun haben (*intereses económicos,profesionales o sociales*). Voraussetzung ist also nicht, dass jemand seinen Haupt- oder Zweitwohnsitz in Spanien nimmt oder dort eine Immobilie kauft oder mietet sondern generell für die genannten Tätigkeiten, also unternehmerische, berufliche usw., u. a. auch dann, wenn Sie ein Bankkonto eröffnen wollen.

Es gibt mehrere Wege, diese zu beantragen: in Deutschland über die spanische Botschaft und spanischen Konsulate, in Spanien beim Ausländerbüro, *Oficina de Extranjeros*, oder – falls nicht vorhanden – beim dortigen Polizeikommissariat, *Comisaría de Policia*. Vor Ort kann jeder selbst zu der zuständigen Dienststelle gehen, dies ist normalerweise der schnellere Weg. Oder Sie beauftragen jemanden in Spanien mittels notarieller Vollmacht.

Tipp

Kümmern Sie sich möglichst frühzeitig um die *NIE*, eine steuerliche Verpflichtung gehen Sie damit nicht ein, weitere Informationen auch in deutscher Sprache u. a. unter www.exteriores.gob.es/Consulados/HAMBURGO/de/Paginas/inicio.aspx.

1.5 Banken, Bankkonto und Bargeld

Trotz der Einführung von SEPA empfiehlt es sich nicht nur für die Bezahlung von Steuern und Abgaben ein Bankkonto bei einer spanischen Bank zu eröffnen, auch wenn es nicht mehr die frühere Bedeutung hat. Schon für den Kauf einer Immobilie ist ein Bankkonto in Spanien meist von Vorteil. Zwar sind nun Überweisungen von Deutschland nach Spanien mittels SEPA schnell und günstig geworden. Aber wenn eine Behörde oder wer auch immer einen Stempel oder eine Bescheinigung einer spanischen Bank für die Überweisung oder Einzahlung eines bestimmten Betrages verlangt, haben Sie vielleicht ein Problem.

Im ersten Augenblick wird man vielleicht daran denken, die Konditionen einzelner spanischer Banken zu vergleichen. Es dürfte aber wichtiger sein, dass Sie bei einer Bank einen Ansprechpartner haben, der Ihre Sprache versteht. In Spanien gibt es praktisch gesehen kein Bankgeheimnis, auch nicht gegenüber den Steuerbehörden, vielmehr sind alle Banken, aber auch sonstige Personen und Behörden, zur Zusammenarbeit mit den Finanzbehörden verpflichtet.

Der Kontostand sollte sich an den laufenden Ausgaben orientieren, mit einem gewissen Puffer, damit das Konto nicht etwa versehentlich keine Deckung mehr aufweist und Abbuchungen nicht mehr erfolgen. Mit einem niedrigen Kontostand kann andererseits auch verhindert werden, dass höhere Beträge einfach abgebucht werden.

Vorteilhaft: In den touristischen Hochburgen finden Sie bei den Banken öfters deutschsprachiges Personal vor.

Auf die spanische Bankenkrise sei aus Platzgründen nicht näher eingegangen. Wollen Sie bei oder über spanische Banken Kapitalanlagen tätigen, sollten Sie sich genau erkundigen und unabhängig beraten lassen.

Bargeldtransport und Wertpapiere meldepflichtig?

Wer nach Spanien einreist oder Spanien Richtung Ausland verlässt, mag aus welchen Gründen auch immer Bargeld – *moneda metálica* – mit sich tragen. Das ist nicht verboten. Und ein Tourist, der 500 Euro Taschengeld für den Urlaub im Geldbeutel hat, muss sich auch keine Gedanken darüber machen, ob das erlaubt ist oder etwa eine Meldepflicht besteht.

Wer aber fünfstellige Euro-Beträge mit sich herumträgt, sollte darüber informiert sein, auch für den Transport innerhalb Spaniens. Auch gibt es Beschränkungen für Schecks und andere Wertpapiere. Schlussendlich sollten auch die deutschen Vorschriften bekannt sein.

Tipp

Wer immer Bargeld, Schecks oder Wertpapiere transportiert, sollte die Vorschriften für den gesamten Transportweg und insbesondere über die Ländergrenzen hinweg vorher abgeklärt haben, beispielsweise über seine Hausbank oder unter www.zoll.de.

Geldwäsche – *lavado de dinero/blanqueo de capitales*

Dass Immobilien zur Geldwäsche genutzt werden, ist eine altbekannte Tatsache. Und wenn sogar mit dem eigentlichen Immobiliengeschäft Verluste gemacht würden, ist dies für Kriminelle nicht besonders schlimm, da es vor allem auf das Reinwaschen des Geldes ankommt. Dass bei Geldwäsche auch Rechtsanwälte und Notare beteiligt sind, ist nur folgerichtig, da man ja für den rechtlichen Schein und die richtige praktische Vorgehensweise guten Rat und Urkunden benötigt.

Wer beim Kauf oder Verkauf an Leute gerät, die in Bezug auf die Zahlungsmodalitäten sehr spezielle Wünsche haben, sollte sich spätestens dann beraten lassen, ob alles unbedenklich ist.

1.6 Berater, Rechtsanwälte und andere Dienstleister

Empfehlungen?

Unzählige Male wurde mir schon die Frage gestellt, welchen Anwalt oder Steuerberater oder welchen Dienstleister auch immer ich empfehlen könne und fast genauso oft musste ich darauf hinweisen, dass ich niemanden empfehlen kann (die Deutsche Schutzvereinigung Auslandsimmobilien in Freiburg, www.dsa-ev.de, kann ich aber empfehlen, auch für die Länder Italien und Frankreich). Ich kann aber – ohne jede Empfehlung – auf Verzeichnisse hinweisen, sei es bei der Rechtsanwaltskammer, bei Juristenvereinigungen, bei der Architektenkammer, auf Gelbe Seiten, bei den diplomatischen Stellen…

Tipp

Wann immer Sie sich im Ausland für einen Immobilienkauf oder eine andere Art von Engagement interessieren, sollte Ihre erste Sorge sein, fachlich versierte, vertrauenswürdige und zuverlässige Berater und Handwerker zu finden, mit denen Sie sich auch sprachlich verständigen können.

Viele Kaufinteressenten fragen den Verkäufer oder Bauträger. Auch nennen Verkäufer und Vermittler von sich aus Namen und Anschriften von Anwälten, Übersetzern und Handwerkern. Es besteht aber die Gefahr, dass der eingeschaltete Berater oder Übersetzer oder Handwerker im Hinterkopf daran denkt, dass er den Auftrag über den Verkäufer oder Vermittler erhalten hat, und er deshalb nicht allzu kritisch die vorgelegten Unterlagen und Verträge beurteilen könnte, da er ja auch in Zukunft vom Bauträger oder Vermittler Mandate oder Übersetzungstätigkeiten vermittelt haben möchte.

Schlussendlich: Deutsche Sprachkenntnisse allein sind kein Ausweis von Seriosität und Qualität, eben sowenig die deutsche Staatsangehörigkeit.

Adressverzeichnisse und Inserate – ohne Gewähr

Die Deutsche Botschaft in Madrid hält auf ihrer Internetseite eine kurze Liste mit Beratern vor, dann gibt es mit sehr viel mehr Adressen die Deutsch-Spanische Juristenvereinigung (www.dsjv-ahaj.org/de/). Auch die deutschen regionalen Rechtsanwaltskammern bieten Listen mit spezialisierten Rechtsanwälten (Adressen der Kammern unter www.brak.de/) an.

Es gibt zwischenzeitlich auch verschiedene kommerzielle Internetportale aus Deutschland u. a. mit Adressen von spezialisierten Rechtsanwälten.

Wer bei einer der Suchmaschinen „Rechtsanwalt spanische Immobilienrecht" eingibt, stößt auf diese Internetportale und Internetseiten von Anwälten und Kanzleien. Die spanische Rechtsanwaltschaft finden Sie unter www.abogacia.es mit den Adressen von 89 regionalen Anwalts-Kollegien.

Inserate von deutschsprachigen Beratern, Handwerkern und Versicherungsagenten finden Sie auch in deutschsprachigen Zeitungen und Magazinen in den spanischen Touristengebieten am Kiosk (z. B. die Costa Blanca Nachrichten, www.costanachrichten.com).

Solche Verzeichnisse und Inserate sollten nur als Ausgangspunkt für die weitere Einholung von Informationen über die genannten Namen und Büros dienen.

Wer unternehmerisch tätig wird, kann es bei der Deutschen Handelskammer für Spanien in Madrid oder deren Außenstelle in Barcelona versuchen (www.ahk.es/). Die spanischen Gelben Seiten finden Sie unter www.paginasamarillas.es, allerdings nur in spanischer Sprache, d. h. auch die Stichworteingabe muss in spanischer Sprache erfolgen.

Behördengänge: *Gestorías* und sonstige Dienstleistungsbüros

Gestorías sind Dienstleistungsbüros für Behördengänge aller Art. Wenn es also Probleme mit Behörden gibt oder mit Behörden verhandelt werden muss, ist es nicht gleich notwendig, einen Rechtsanwalt zu beauftragen. Es ist sogar gut möglich, dass eine spezialisierte *Gestoría* besser Bescheid weiß, zum Beispiel über die Einfuhr von Autos. Auch für die Bezahlung von Steuern können *Gestorías* beauftragt werden. Diese Dienstleistungsbüros sind meist auf gewisse Bereiche spezialisiert (z. B. Autoeinfuhr). *Consejo General de los Colegios de Gestores Administrativos de España* – Gestorenkammer: www.consejogestores.net.

In den Touristengebieten gibt es viele deutschsprachige Büros ohne Anwälte und Steuerberater, die für ausländische Immobilienbesitzer Dienstleistungen jeglicher Art anbieten. Deren Dienste können für viele alltägliche „Geschäfte" völlig ausreichend und außerdem kostengünstig sein. Inserate dieser Büros finden Sie in den oben genannten Zeitungen und Magazinen, persönliche Empfehlungen alteingesessener Immobilienbesitzer können aber sehr viel hilfreicher sein.

Schriftliche Vereinbarung über Leistungsumfang und Honorar

Wen auch immer Sie beauftragen, Sie sollten vorneweg über das, was die betreffende Person tun soll, und über das Honorar sprechen und eine schriftliche Vereinbarung treffen. Andernfalls kann es passieren, dass Sie später sagen werden, dass Sie viel zu viel bezahlen mussten. Entsprechendes gilt auch für Handwerker usw.

Diese Anmerkung soll aber nicht alle spanischen Berater unter Generalverdacht stellen, sondern einfach als Aufforderung dienen, Auftrag und Honorar vorher schriftlich zu regeln und sich nicht abwiegeln zu lassen.

Es ist klar, dass sich das Honorar nicht immer von vornherein genau beziffern lässt und ein Pauschalbetrag nicht möglich ist. Jedenfalls sollte zumindest eine gewisse Bandbreite festgelegt werden.

Von Rechtsanwälten wird bei Immobilienkäufen oftmals 1 % des Kaufpreises als Honorar genannt (wahrscheinlich nur netto gemeint). Dieses Prozent kann zu viel, zu wenig oder auch angemessen sein. Eigentlich sollte sich das Honorar am Zeitaufwand, an der Schwierigkeit und dem Wert der Immobilie bemessen. Erfolgt eine umfassende Beratung bei einem Kauf eines kleinen 1-Zimmer-Apartments, das 70.000 Euro kostet, sind 700 Euro als Honorar vergleichsweise wenig. Die rechtlichen Schwierigkeiten können bei einem solchen Objekt genau so groß oder noch größer sein als bei einem Objekt für 1 Million Euro, für das der Anwalt aber 10.000 Euro bekommen würde, wenn 1 % als Honorar zu bezahlen ist.

Übersetzer und Dolmetscher

Oftmals müssen schon aus rechtlichen Gründen Übersetzer und Dolmetscher für die Beurkundung von notariellen Kaufverträgen herangezogen werden, da ausländische Käufer keine ausreichenden Spanischkenntnisse besitzen. Aber auch für Gespräche und Verhandlungen mit Beratern und Handwerkern, mit denen sich die Mandanten und Kunden nicht in der gleichen Sprache verständigen können, sind Übersetzer und Übersetzungen notwendig, auch bei sogenannten Vorverträgen oder Kostenvoranschlägen. Andererseits ist nicht vorgeschrieben, dass die übersetzende Person eine entsprechende Ausbildung nachweisen kann. Hinzu kommt noch, dass diese Übersetzer bei Kaufverträgen aus Sicht der Käufer gleichzeitig auch noch als juristische Berater herhalten sollen. So spart man sich einen juristischen Berater, denken manche Kaufinteressenten. Da würde aber an der falschen Stelle gespart werden.

Tipp

Schauen Sie sich auch von Anfang an nach einem kompetenten und vertrauenswürdigen Übersetzer um, auf den Sie sich verlassen können und der auch für kleinere Aufträge zur Verfügung steht.

1.7 Diplomatische Stellen, Behörden, Polizei und Gerichte

Als EU-Bürger in Spanien

Bürger der EU – *Ciudadanos Comunitarios* – haben einige Vorteile im Vergleich zu Bürgern aus Nicht-EU-Staaten, z. B. bei der Besteuerung und beim Aufenthaltsrecht. Achten Sie also darauf, dass für Sie die Regelung für EU-Bürger zur Anwendung kommt. Spanien und Deutschland sind Mitglieder der *Estados Unidos – EE. UU.*

Es gibt die *Embajada del Reino de España* – Botschaft des Königreichs Spanien, in Berlin, www.info-spanischebotschaft.de, wo sich auch die Adressen der spanischen General- und Honorarkonsulate u. a. in Stuttgart, Hamburg, Düsseldorf, Frankfurt und München finden lassen.

Die Botschaft der Bundesrepublik Deutschland findet sich in Madrid, Zentrale Tel. 91 557 90 00, www.madrid.diplo.de, wo sich auch die Adressen der deutschen Generalkonsulate in Barcelona, Málaga, Las Palmas de Gran Canaria finden lassen. Außerdem gibt es noch einige Honorarkonsuln.

Apostille

Oftmals benötigt man deutsche Urkunden im Ausland, z. B. für die Abwicklung einer Erbschaft. Es stellt sich dann immer wieder die Frage, ob und unter welchen Voraussetzungen deutsche Urkunden von ausländischen Behörden anerkannt werden. Damit deutsche Urkunden im Ausland anerkannt werden, müssen sie grundsätzlich mit der sogenannten Apostille versehen sein. Maßgeblich dafür ist die Konvention von Den Haag aus dem Jahre 1961. Die Konvention beinhaltet, dass die Urkunde im Ausland anerkannt wird, wenn auf dieser ein Vermerk der dafür zuständigen inländischen Behörde angebracht ist, dass die beurkundende Person berechtigt ist zu beurkunden. Zuständig für die Anbringung der Apostille ist in Deutschland für Notarurkunden der Präsident des Landgerichts des jeweiligen Bezirks und für die von der Verwaltung ausgestellten Urkunden die sogenannten Mittelbehörden.

Tipp

Wenn Sie nicht wissen, ob überhaupt eine Apostille benötigt wird und wer gegebenenfalls für die Anbringung der Apostille zuständig ist, fragen Sie die Person, die die Urkunde ausgestellt oder von Ihnen angefordert hat.

Gerichte und Prozesse

Über den nicht allzu guten Zustand der spanischen Justiz ist schon oft und viel geschrieben worden. Wenn man die spanische Justiz insgesamt als unfähig und tatenlos bezeichnen würde, führte dies dazu, dass man auch die Justizbeamten, Richter und Staatsanwälte, die engagiert arbeiten, in einen Topf mit den Kollegen wirft, von denen sie sich erfreulicherweise abheben.

Für einen Immobilienkäufer oder -besitzer stellt sich eventuell die Frage: Soll ein Prozess geführt werden?

Auch bei recht eindeutigem Sachverhalt und eindeutiger Rechtslage zu Ihren Gunsten dürfen Sie nicht unbedingt ein schnelles Urteil erwarten. Abe auch wenn ein günstiges Urteil vorliegt, ist das eventuell erstrittene Geld noch nicht in Ihrer Tasche und der Schuldner eventuell zahlungsunfähig. Die Empfehlung lautet natürlich, einen Prozess möglichst zu vermeiden. Viele werden einwenden, dass Gauner, Betrüger und unseriöse Geschäftsleute gerade darauf hoffen, dass sich der Geschädigte nicht wehrt.

Es gibt auch den alten Spontispruch „Wer sich nicht wehrt, lebt verkehrt". Es ist aber eine altbekannte Tatsache, dass Kampf und Engagement viel Zeit, Geld und Nerven kosten können und der erhoffte Erfolg eventuell völlig ungewiss ist. In vielen Fällen ist dieser Kampf – finanziell und zeitlich gesehen – nicht sinnvoll, gerade im Verhältnis zur langen Verfahrensdauer, der Ungewissheit des Ausgangs des Verfahrens und der Kosten für den Anwalt und den *Procurador* – der Mittler zwischen Anwalt und Gericht. Auch stellt sich die Frage, ob Sie für Ihren Fall einen fähigen und engagierten Anwalt vor Ort finden.

Wenn Sie vorsichtig handeln, können Sie das Risiko eines Fehlschlags sehr stark verringern oder gar ausschalten. Und wenn einmal etwas passiert, wogegen Sie sich wehren möchten, überlegen Sie nach der ersten Aufregung emotionslos und kühl, ob es sinnvoll ist, Berater einzuschalten und einen Prozess zu führen oder sich in irgendeiner Form zu vergleichen oder die Angelegenheit ad acta zu legen.

Polizei

Wer es in Spanien mit der Polizei zu tun bekommt oder sie um Hilfe ersuchen möchte, wird feststellen, dass es drei verschiedene Einheiten gibt. Die *Guardia Civil* erkennt man an der von einem Dreispitz abgeleiteten schwarzen Kopfbedeckung. Sie ist eine paramilitärische Einheit, ist militärisch und zivil tätig und ist deshalb sowohl dem Innen- als auch dem Verteidigungsministerium untergeordnet.

Dann gibt es noch die *Policia Nacional*, verantwortlich für allgemeine Kriminalität. Die *Policia Local* ist zuständig für den Verkehr innerhalb der Städte und die Kleinkriminalität. Wenn also Ihr Auto abgeschleppt worden ist, rufen Sie bei der *Policia Local* an. Strafanzeigen können Sie erstatten telefonisch unter 902102112, im Internet unter www.policia.es oder direkt im Kommissariat – *Comisaría*.

Auskunftsrechte und Recht auf Akteneinsicht

Ausländer müssen sich damit abfinden, dass sie sich in ihrer eigenen Sprache nicht an die spanischen Behörden wenden können, zumindest besteht darauf kein Anspruch. Immerhin haben aber manche Behörden in Touristengebieten mehrsprachige Mitarbeiter engagiert, mit denen beispielsweise Deutsch gesprochen werden kann.

Aber auch in solchen Fällen hat man das Problem, dass man zwar auf Deutsch Akteneinsicht verlangen kann, die Akten aber natürlich in Kastilianisch oder in einer Zweitsprache geführt werden.

Alle Personen, die am Verfahren beteiligt sind, haben Akteneinsicht und ein Auskunftsrecht.

Beteiligte am Verwaltungsverfahren – *interesados en el procedimiento administrativo* – können auch diejenigens ein, die von dem Bauvorhaben betroffen sind, insbesondere die direkten Nachbarn. Schlussendlich: eine Akteneinsicht muss nicht persönlich vorgenommen werden, man kann sich vertreten lassen.

Wichtige Telefonnummern

- Teléfono de emergencias/Notfallrufnummer 112 (112 ist die allgemeine Notfallnummer),
- Bomberos/Feuerwehr 080 oder 085, Guardia Civil/Polizei 062, Policía Nacional/Nationalpolizei 091.

2 Kauf einer Immobilie

2.1 Vorteile, Vorsicht und Voraussicht

Eigene Ideen und Vorstellungen verwirklichen

Wer eine Ferienimmobilie oder einen Zweitwohnungssitz in Spanien erwirbt, kann im Gegensatz zu einem Hotelzimmer oder einer angemieteten Ferienwohnung seine eigenen Vorstellungen einbringen und verwirklichen. Auch mit einer gebrauchten Immobilie hat man durchaus viele Möglichkeiten, über einen Umbau oder Anbau seinen persönlichen Wünschen näher zu kommen. Und Sie können Ihre Immobilie einrichten wie es Ihnen gefällt. So wird die Ferienimmobilie tatsächlich zu einem zweiten Zuhause.

Eine eigene Ferienwohnung steht immer zur Verfügung, es gibt keine Buchungsprobleme. Man kann sich auch kurzfristig entscheiden, seine Ferienwohnung zu nutzen, und muss nicht befürchten, dass Hotels und Ferienwohnungen ausgebucht sind. In der übrigen Zeit kann die Wohnung Freunden, Verwandten und Bekannten zur Verfügung gestellt werden, oder – wobei dies aber keine Empfehlung sein soll – man vermietet selbst oder über Vermietungsgesellschaften, um die Kosten mit Einnahmen abzumildern. Sonne, Strand und Meer gibt es kostenlos dazu.

Hinzu kommen die Vorteile, aktiv einen Garten mit Pflanzen und südlichem Ambiente gestalten oder Reben, Oliven oder andere Früchte anbauen zu können.

Damit Sie auf der sicheren Seite sind!

Wer sich vor dem Kauf umfassend informiert und beraten lässt, kann ohne große Sorgen in Spanien eine Immobilie erwerben. Kaufinteressenten dürfen aber nie vergessen, dass sie eine Immobilie in Spanien und nicht in Deutschland kaufen und deshalb deutsche Rechtsvorstellungen den Blick auf die spanischen Verhältnisse sogar trüben können. Und man muss zwar nicht alle spanischen Gepflogenheiten gut finden, man sollte sie aber zumindest kennen und sich darauf einrichten.

Pleiten und Betrügereien auf dem Immobilienmarkt werden auch durch nicht besonders aktive Behörden indirekt begünstigt. Und oftmals fordert das leichtsinnige Verhalten der Kaufinteressenten windige Verkäufer geradezu heraus.

So banal dies auch klingen mag, sich selbst oder durch andere unter Zeitdruck setzen lassen, ist eine der Hauptursachen für kostspielige Fehlentscheidungen. Sie sollten sich auch nicht zu einer Unterschrift mit dem angeblichen Argument überreden lassen, dass schon ein anderer Interessent vor der Tür stehe, der sofort unterschreiben würde, und man nur aus freundschaftlicher Verbundenheit das Objekt reserviert habe.

Gehen Sie lieber das – meist nicht vorhandene – Risiko ein, dass Sie das angebliche Traumobjekt nicht bekommen, weil ein anderer Interessent schneller ist.

Tipp

Einen speziellen zweisprachigen Immo-Wortschatz mit Erläuterungen beinhaltet das „Langenscheidt Praxiswörterbuch Immobilien Spanisch". Laut Verlag sind rund 3.000 Fachbegriffe und deren Übersetzungen und Erläuterungen enthalten, wobei die Erläuterungen der große Pluspunkt dieses Wörterbuches sind. Da vergriffen, ist man auf gebrauchte Exemplare im Internet angewiesen. ISBN 978-3-86117-282-6.

Viele Versprechungen

Hochglanzprospekte und Internetseiten mit wunderschönen Farbfotos und stimmungsvollen Texten erwecken oftmals den Eindruck, dass der Erwerb einer Immobilie in Spanien in jeglicher Hinsicht vorteilhaft sei.

Der Urlaub in den eigenen vier Wänden ist nicht billig, eine merkliche Rendite aus der Vermietung selten zu erzielen und öfters mit Ärger verbunden ist, falls eine touristische Vermietung überhaupt erlaubt sein sollte bzw. eine Lizenz dafür überhaupt erhältlich ist, auch lässt sich eine Wertsteigerung nicht vorhersagen.

Wertsteigerung und Wertzuwachs werden oftmals als Werbeargumente missbraucht, wenn auch sehr viel seltener als vor der Krise. Allerdings gibt es Kaufinteressenten, die nichts lieber glauben, als dass sie in der Immobilie nicht nur kostenlos Urlaub machen und Rendite aus der Vermietung erzielen können und der Wert der Immobilie steigt. Das mag so kommen oder auch nicht.

Wann kaufen?

Es ist sicherlich kein Zufall, dass die meisten Ferienhausbesitzer im Ausland schon vorher in Deutschland Immobilieneigentum erworben haben. Zuerst wurde die Immobilie in Deutschland für die Eigennutzung, als Kapitalanlage und Altersvorsorge gekauft, dann zum Vergnügen das Ferienhaus im Ausland.

Laufende Kosten uns eventueller Instandsetzungsbedarf

Der Traum von einem Ferienhaus oder einer Ferienwohnung hindert die Interessenten oftmals daran, an die Zeit nach dem Kauf zu denken. Wer sehr genau rechnen will, sollte schon vor dem Kauf an die laufenden Kosten für Steuern, Abgaben, Gebühren und Instandhaltung denken – siehe dazu das 4. Kapitel. Der Eigentümer und Verkäufer sollte dazu Angaben machen und Unterlagen vorlegen können. Ärgerlich und auch teuer wird es für stolze Ferienimmobilienbesitzer dann, wenn unerwarteterweise nach dem Kauf ein hoher Instandsetzungsbedarf entdeckt wird oder die Kosten für den vorhersehbaren Instandsetzungsbedarf allzu niedrig angesetzt worden waren. Die Einschaltung von Architekten und Handwerkern für diese Abklärung lohnt sich.

Kontaktperson

Schon während der Immobiliensuche sollte überlegt werden, wer nach dem Kauf als Kontaktperson, die regelmäßig nach der Immobilie schaut, in Frage kommt. Es sollte regelmäßig nachgeschaut werden, ob alles in Ordnung ist. Noch wichtiger ist eine Kontaktperson bei Unwettern, siehe dazu auch Kapitel 1. Diese sind die eigentliche praktische Prüfung für Tauglichkeit und Bauqualität der Immobilie, Schwachstellen werden aufgedeckt, auch der Strom könnte ausfallen, es besteht dann Handlungsbedarf.

Was macht ein Immobilienbesitzer, der zu Hause in Deutschland vor dem Fernseher sitzt und Bilder von Sturmwellen, abgetragenen Sandstränden, beschädigten Autos und Immobilien sieht und befürchten muss, dass seine Immobilie auch in Mitleidenschaft gezogen worden sein könnte?

Er wird auf eine Kontaktperson vor Ort angewiesen sein, die sich um die Immobilie kümmert und im Schadensfall eventuell notwendige Reparaturarbeiten oder zumindest eine vorläufige provisorische Absicherung organisiert und zusätzliche Schäden dadurch verhindert.

Und wenn ein Einbruch in die Immobilie erfolgt sein sollte, kann die Kontaktperson kurzfristig dafür sorgen, dass die aufgehebelte Tür oder das eingeschlagene Fenster ersetzt und nicht noch weitere ungebetene Gäste angelockt werden. Auch Schadensmeldungen an Versicherungen müssen zeitnah erfolgen.

2.2 Sicherheit und wirkungsvolle Maßnahmen

Mechanische und ergänzend elektronische Maßnahmen

Man darf sich nicht der Illusion hingeben, dass einige Gitter vor den Fenstern im Erdgeschoß oder durch einen Wachmann im Eingangsbereich eines Apartmenthauses die Immobilie Einbruch hundertprozentig abgesichert ist. Auch sollte eine Diebstahl- und Einbruchsversicherung nicht dazu verführen, das Haus oder die Wohnung mit Wertgegenständen vollzustopfen. Wer weiß schon genau, was von seiner Einbruchsversicherung abgedeckt ist und welche Höchstbeträge tatsächlich gezahlt werden. Je höher der Schaden ist, umso eher wird sich die Versicherung sträuben, den geforderten Schadenersatz zu zahlen. Im Übrigen haben diese Gegenstände oftmals nicht nur einen materiellen, sondern vor allem auch einen ideellen Wert, den die Versicherung nicht ersetzen kann.

Im Grundsatz gelten die Empfehlungen der deutschen Polizei und hiesiger Sicherheitsberater, also mechanische und ergänzend elektronische Sicherungen und auch die Nachbarn. Zu mechanischen Sicherungen zählen Fenstergriff- und Terrassentürschlösser, Vertikalstangenschlösser an den Fenstern und Querriegelschlösser an den Haus- und Wohnungstüren. Auf Nachbarn, die eigentlich als wirkungsvoller Einbruchschutz gelten, kann man sich aber bei Ferienwohnungen eher nicht verlassen, da diese ja auch nur selten die Wohnung nutzen. Vielleicht hat man die Nachbarn im Apartmenthaus noch nicht einmal gesehen, da die einen im Frühjahr kommen, die anderen im Sommer, die anderen im Herbst. Es gibt Ruheständler und Langzeiturlauber, die dort auf Dauer oder die meiste Zeit des Jahres leben. Wer da eine zuverlässige Kontaktperson findet, ist gut bedient.

Zu den elektronischen Sicherungen zählen Bewegungsmelder, Videoüberwachung und Alarmanlagen. Wenn aber der Strom ausfällt? Wie lange reicht ein eventuell vorhandener Reserve-Akku bei Stromausfall?

Alarmanlagen sollten an einen Sicherheitsdienst angebunden sein (Alarmaufschaltung), der im Alarmfall schnell vor Ort sein kann. Ein deutscher Ferienwohnungsbesitzer könnte von zuhause höchstens zuschauen, was vorort „abgeht".

Haus- und Wohnungsbesetzer

Zwar scheinen deutsche Medien das Thema Hausbesetzungen in Spanien erst im letzten Jahr entdeckt zu haben, aber es ist nicht neu. Ebenfalls soll erwähnt werden, dass es sich nicht um ein alltägliches Problem für Zweitwohnungsbesitzer handelt und es aus meiner Sicht keinen Grund gibt, deshalb auf eine Immobilie in Spanien zu verzichten.

Eigentlich könnte man meinen, dass in Spanien viel zu viel als zu wenig gebaut wurde und Wohnungen deshalb keine Mangelware sein können. Doch das Angebot an Mietwohnungen in den größeren Städten ist zu gering und zu teuer. Von der politischen Hausbesetzerszene werden leer stehende Wohnungen in den großen Städten bevorzugt. Diese Besetzer – *okupas* –wollen auch auf soziale und ökonomische Missstände hinweisen.

Ein spezielles Problem stellen die leer stehenden Wohnungen dar, die als Drogenumschlagsplatz – sogenannte *Narcopisos* – benutzt werden. Gerade Banken und Immobiliengesellschaften haben einen hohen Bestand an leer stehenden Wohnungen, ohne dass diese ausreichend kontrolliert werden.

Aber es gibt auch Besetzungen von Ferienimmobilien, keine Frage. Manche wollen mit der Besetzung auch oder vor allem Geld verdienen, indem man sich aus der Wohnung herauskaufen lässt. Zwischenzeitlich scheint es laut Medienberichten auch angebracht zu sein von mafiösen Strukturen zu sprechen, die mit diesem Geschäftsmodell unterwegs sind. Es mag nun einem Eigentümer schwerfallen, jemanden dafür zu bezahlen, dass er eine Wohnung oder ein Haus freigibt, auf das der Besetzer gar kein Anrecht hat, aber meist ist dies wenn schon nicht die billigste, aber eine rechtlich zulässige und eine vergleichsweise schnelle Regelung.

Am teuersten dürfte aber nicht der Freikauf kommen, sondern die Renovierung oder eine eventuell notwendige Sanierung. Diese Kosten lassen sich auch dann nicht vermeiden, wenn vom Eigentümer mit Gewalt gegen die Besetzer vorgegangen wird. Eine regelmäßige Empfehlung für eine Immobilie – nicht nur in Spanien – lautet deshalb, insbesondere Vandalismusschäden zu versichern.

„Express-Räumung"?

Noch lässt sich nicht beurteilen, wie schnell und wirksam die seit Mitte des letzten Jahres geltende Neuregelung des *desahucio exprés*, also des „Express"-Räumungsvollstreckungsverfahrens, ist. Aber auch eine sehr schnelle Räumung innerhalb der vorgesehenen 30 Tage wäre nur ein kleineres Übel, da auch innerhalb kurzer Zeit große Schäden entstehen können.

Die zehn wichtigsten Aspekte

1. Deutsche Rechtsvorschriften und Gepflogenheiten dürfen nicht auf den Immobilienkauf in Spanien übertragen werden.
2. In Spanien sind auch privatschriftliche Kaufverträge ohne notarielle Beurkundung verbindlich. Der Vertrag ist also auch dann gültig, wenn es sich nur um ein normales Blatt Papier handelt.
3. Ob der Vertrag mit Vorvertrag oder Kaufoption oder einer sonstigen Bezeichnung überschrieben ist, entscheidend ist für die Rechte und Pflichten der Inhalt des Vertrages, den Sie hoffentlich sprachlich und juristisch verstanden haben.
4. Zuerst überprüfen lassen, dann unterschreiben und anzahlen!
   Lassen Sie vor der Unterschrift und vor der Leistung einer Anzahlung möglichst alle rechtlichen Aspekte überprüfen, z. B. die Frage des Vorhandenseins einer Baugenehmigung nicht nur bei Neubauten sondern auch bei Altbauten, die Eintragungen in den Registern auch im Hinblick auf eventuelle Belastungen mit Hypotheken, und zwar immer anhand von schriftlichen und aktuellen (!) Unterlagen. Die Anzahlung sollte möglichst niedrig gehalten werden, da Sie dafür meist keine Absicherung erhalten.
5. Neubauten: Vor Vertragsabschluss lassen Sie sich die notwendige Baugenehmigung zeigen und leisten Zahlungen nur nach Baufortschritt und nach Erhalt einer Bankbürgschaft als Sicherheit für Ihre Zahlungen. Problematisch: von Deutschland aus können Sie die Bauarbeiten nicht kontrollieren. Dringend notwendig ist deshalb eine Vertrauensperson vor Ort.
6. Lassen Sie sich nachweisen, dass der Verkäufer mit der Bezahlung der Steuern und sonstigen Abgaben und im Falle einer Eigentumswohnung auch hinsichtlich seiner Zahlungen bei der Eigentümergemeinschaft auf dem laufenden ist.

7. Achten Sie darauf, dass Sie möglichst bald ins Eigentumsregister eingetragen werden. Nur dann sind Sie abgesichert, dass das Grundstück oder die Wohnung nicht noch ein zweites Mal an einen anderen Käufer verkauft oder mit einer Hypothek belastet wird.
8. Vergleichen Sie die Preise vor Ort!
   Der erstgenannte Preis ist meist nicht der letzte, verhandeln Sie oder lassen Sie verhandeln.
9. Eine Ferienimmobilie in Spanien ist keine übliche Geldanlage mit Renditeaussichten, eine Vermietung meist sehr viel weniger lukrativ als viele denken. Die Immobilie kostet Geld sowohl beim Kauf als auch während des Besitzes. Ein eventueller Wertzuwachs sollte als angenehme Nebenerscheinung angesehen werden. Wer touristisch vermieten will, sollte vorher sehr genau überprüfen, ob eine Vermietung bau-, verwaltungs- und wohnungsrechtlich überhaupt zulässig ist.
10. Überlegen Sie sich, ob Sie nicht schon beim Kauf erbrechtliche und erbschaftsteuerliche Aspekte berücksichtigen wollen, um damit Erbschaftsteuer und sonstige Kosten sparen und Einfluss auf die Erbfolge nehmen zu können.

2.3 Immobilientypen, Einrichtung und Ausstattung

Die Qual der Wahl

Gerade in Spanien gibt es unzählige Ferienimmobilien, ein breites Angebot von Ferienhäusern und -wohnungen in unterschiedlichsten Lagen und mit unterschiedlichem Komfort. Aber auch die Auswahl an sonstigen Immobilien, ob es sich nun um „normale“ Wohnimmobilien oder ländliche Anwesen handelt, ist – von einigen regionalen Ausnahmen abgesehen – enorm. Mehr dazu im Abschnitt Immobiliensuche.

Wohn- und Ferienimmobilien – gibt es einen Unterschied?

Ferienimmobilien sind auch zum Wohnen da, könnte man lakonisch feststellen. Unterschiede gibt es aber dennoch, gerade in Spanien. Der Unterschied besteht nicht nur darin, dass Ferienimmobilien meist nur für kurzfristige Aufenthalte und eventuell für eine kurzfristige Vermietung verwendet werden.

Ganz typisch sind Urbanisationen mit teilweise hunderten von mehr oder weniger gleich aussehenden Einfamilien- oder Reihenhäusern, die (fast) nur von Ausländern bewohnt werden. Teilweise lässt sich bei Urbanisationen wie bei Apartmenthäusern eine dominierende Nationalität feststellen. Für Naturliebhaber werden die üblichen Urbanisationen kaum in Frage kommen, ebenso wenig für diejenigen, die den Kontakt mit der einheimischen Bevölkerung suchen und in einem gewachsenen Stadtteil wohnen wollen. Auch kann es in einer Urbanisation außerhalb der Saison sehr trist sein, wenn eine friedhofsähnliche Ruhe herrscht und die Urbanisation wie ausgestorben wirkt. Dies gilt aber nicht für jede Urbanisation.

Für Badeurlauber mag allein die Entfernung zum Meer die entscheidende Rolle spielen. Dann mag ein kleines Apartment in Strandnähe ausreichen.

Architektur

Viele Interessenten wünschen sich landestypische Gebäude, Anwesen oder Wohnungen. Es gibt aber nicht so viele landestypische Bauten wie Kaufinteressenten, und vor allem auch nicht gerade dort, wo die meisten Interessenten kaufen wollen. Viele Dörfer wurden früher nicht direkt an das Meeresufer gebaut, sondern zum Schutz vor Fremden und Piraten weiter entfernt im Landesinnern.

Die Küsten wurden zwischenzeitlich zum großen Teil zugebaut, wobei wenig Rücksicht auf die landestypische Architektur genommen wurde oder letztendlich ein Mischmasch von Stilformen entstanden ist. Ausnahmen bestätigen diese Regel, sie sind aber recht selten. In vielen Urbanisationen scheinen die Immobilien geklont zu sein.

Eigentumswohnungen

Für Leute, die tagsüber an den Strand und nachts in die Diskothek gehen und morgens wieder an den Strand um auszuschlafen, wird ein kleines Apartment oder Studio mit 25 qm reichen. Sobald sich aber eine Person oder gar mehrere Leute in diesem kleinen Apartment bei schlechtem Wetter aufhalten müssen, wird es eng. Käufer von Eigentumswohnungen kaufen mit der Immobilie gleichzeitig auch die Verwaltung mit ein. Arbeitet diese Verwaltung gut und preiswürdig, ist dies sehr schön für die Käufer, oder aber ...

Einfamilienhäuser und Reihenhäuser

Häuser, die nicht nur auf einem handtuchgroßen Grundstück stehen, haben eine ganz andere Qualität, mehr Freiheit für bauliche Veränderungen und in sonstiger Hinsicht, keine Rücksichtnahme auf eine Eigentümergemeinschaft, aber auch einen höheren Preis. Und die Kosten für die Reparatur eines undichten Daches muss ein Häuslebesitzer alleine bezahlen, in einem Apartmenthaus verteilen sich diese dagegen auf die ganze Eigentümergemeinschaft.

Auch bedeutet ein Garten zusätzliche Arbeit, für die nicht jeder Zeit hat oder die nicht immer gerne gemacht wird. Ein Gärtner kostet zusätzliches Geld. Man muss die Immobilie selbst verwalten oder eine kompetente und vertrauenswürdige Person suchen.

Fincas

Fincas, also ländliche Anwesen, liegen meist im Hinterland und haben relativ große Grundstücksflächen. Auf Romantiker und Ruhesuchende üben diese Fincas eine besonders große Anziehungskraft aus. Allerdings gilt es sehr genau hinzuschauen, was man kauft:

Mit *finca* wird manchmal jede Art von „Bruchbude auf dem Lande“ bezeichnet, und selbst eine alte Bruchsteinmauer läuft Gefahr, als *finca* bezeichnet zu werden. Man kann ja zu dieser einen Wand noch drei andere Wände und ein Dach hinzufügen, und schon ist die „original spanische Finca“ perfekt!

Wer ein wenig nüchterner denkt, wird sich um den unter Umständen fehlenden Wasser- und Stromanschluss Sorgen machen und fragen, ob es überhaupt erlaubt ist, diese wieder aufzubauen und gegebenenfalls in welchem Umfang und zu welchen Kosten, wie viel Wohnfläche zulässig ist und was nur als Nutzfläche zur Verfügung steht . Im Übrigen kann *finca* auch nur Liegenschaft bedeuten, es muss sich also nicht immer um ein irgendwie geartetes ländliches Anwesen handeln.

Und schlussendlich: die Zufahrt muss gewährleistet sein bzw. die Zufahrt sollte ein öffentlicher Weg sein, der von der öffentlichen Hand regelmäßig instand gehalten wird. Und falls Sie auf dem eigenen Grundstück einen längeren Weg zum Haus zurücklegen müssen, bleibt nichts anderes übrig als selbst für die Instandhaltung zu sorgen. Gibt es einen Zugang nur über ein Nachbargrundstück, sollte geklärt sein, aufgrund welcher Rechtsgrundlage dieser Zugang abgesichert ist. Es lohnt sich auch sehr, sich den Nachbar vorher „anzuschauen“. Denn von diesem Nachbar wird es abhängen, ob der Zugang auf Jahre problemlos möglich ist.

Time-Sharing und Ferienwohnrechte: die Urlaubsidee der Zukunft?

Nur der Vollständigkeit halber: diese Frage muss eindeutig mit Nein beantwortet werden. Der beste Ratschlag lautet: lassen Sie Time-Sharing Time-Sharing sein, legen Sie Ihr dafür vorgesehenes Geld gut an, mieten Sie sich eine Ferienwohnung bei einem deutschen Reisebüro oder buchen Sie privat! Außerdem haben Sie jedes Jahr freie Auswahl unter sehr viel mehr Angeboten als Ihnen alle Time-Sharing-Tauschclubs zusammen anbieten können, auch haben Sie dann die Möglichkeit, Sonderangebote wahrnehmen zu können.

Wenn Sie sehr preisgünstig Urlaub machen wollen, dann ist die Pauschalreise das beste Angebot, wenn Sie gerne eine Ferienimmobilie als zweite Heimat erwerben wollen, sollten Sie Eigentum kaufen.

Ausstattung und Inneneinrichtung

Viele Interessenten werden auf Erfahrungen mit gemieteten Ferienwohnungen oder Häusern zurückgreifen können und wissen, welche Ausstattung man benötigt oder sich wünscht: Offenes Kamin? Schwimmbad im Garten? Heizung? Klimaanlage?

Bei Bauten in Strandnähe sind die Balkone oftmals verglast, um vor den starken Winden zu schützen, die recht unangenehm werden können.

Klimaanlage

Eine Klimaanlage gehört nicht zum Standard in Spanien. Eine Klimaanlage im Wohnzimmer und im Schlafzimmer kann aber sehr angenehm sein, wenn sich die Außentemperaturen zwischen 30 und 40 Grad Celsius bewegen. Es gibt einfache und billige mobile Klimageräte. Meist werden einzelne Klimageräte an der Außenwand befestigt (Außeneinheit).

Empfehlenswerter als viele meinen: eine Heizung

Wenn Ihnen eine Baufirma eine Heizung für Ihren Neubau vorschlägt, mag die Firma auch an den Umsatz denken. Aber überflüssig ist in Spanien eine Heizung nicht. Viel Sonne oder zumindest ein mildes Klima ist zwar die allgemeine Erwartungshaltung. Kälte und Minus-Temperaturen, das darf nicht sein. Ruheständler, Langzeiturlauber und Residente aber, die sich auch im Winter in Spanien aufhalten, machen andere Erfahrungen. Dies gilt nicht nur für den Norden und das Innere Spaniens, wo es sehr heiße Sommer und sehr kalte Winter gibt – siehe die Hauptstadt Madrid, sondern auch für die *Costa del Sol* und die Balearen, wo eine Heizung trotz meist angenehmer Temperaturen ihre Berechtigung hat. Auch auf den Kanaren, wo die ausgeglichensten Temperaturen herrschen und der Verzicht auf eine Heizung am leichtesten fallen dürfte, gibt es nicht ohne Grund Immobilienangebote, in denen ausdrücklich auf die vorhandene Heizung hingewiesen wird. Eventuell reicht eine Behelfsheizung, ein Elektroradiator oder Gasofen auf Rollen ist schnell gekauft und aufgestellt.

Smart Home – die vernetzte Immobilie

Das Thema Smarthome gehört zwar zu den sogenannten Megatrends. Was aber im Einzelfall sinnvoll oder gar notwendig ist und welche Nachteile denkbar sind, ist sehr viel schwieriger zu beantworten. Bei Ferienhäusern und -wohnungen möchte man vielleicht sogar bewusst auf ein intelligentes Haus verzichten und im doppelten Wortsinn einfach wohnen.

Ausgangspunkt ist die grundsätzliche Fähigkeit der Geräte, miteinander kommunizieren zu können. Smarthome-Technologien finden sich u. a. in den Bereichen Multimedia, Haushaltsgeräte, Gebäudeautomation und Heizung. Als praktische Beispiele wird oftmals die Steuerung einer Alarmanlage, der Beleuchtung, der Rollläden und der Heizung genannt. Elektronische Türschlösser und Gebäudekameras zählen auch dazu.

Wer sein Haus Schritt für Schritt zu einem intelligenten Haus ausrüsten will, muss darauf achten, dass alles zusammenpasst. Die Fernsteuerbarkeit ist sicherlich ein Vorteil für Zweitwohnsitze im Ausland. Die Verbindung von außen bzw. der Zugriff von auswärts erfolgt über das Internet. Zum eigenen Vergnügen könnte man mittels Videokamera den Aus- oder Fernblick, den Meerblick oder den Blick in den eigenen Garten genießen. Ebenso kann man elektronische Geräte für den Einbruchschutz steuern.

Um- An- und Ausbauten

Wenn nun ein Objekt nicht ganz den Vorstellungen eines Interessenten entspricht, wird er sich vielleicht trotzdem für dieses Objekt entscheiden, weil er beabsichtigt, es umzubauen und neu auszustatten. Dies erfordert aber nicht nur Geld, sondern auch jemanden, der den Umbau überwacht. Auch sind diese Bauarbeiten in aller Regel genehmigungspflichtig, eventuell müssen Miteigentümer und Grundstücksnachbarn zustimmen.

2.4 Strom, Wasser und Abwasser

Strom(ausfall) und Ersatzstrom

Besonders anfällig bei Unwetter ist die Stromversorgung im Falle überirdisch verlaufender Stromkabel und Strommasten, so dass es sich schon empfiehlt, darauf vorbereitet zu sein und wenigstens Kerzen, Taschenlampe, Batterien und vollgeladene Ersatzakkus für Laptop und mobiles Telefon zur Verfügung zu haben.

Abgesehen von Unwettern kann das Stromsystem von den vielen Klimaanlagen überlastet sein, die bei besonders heißem Wetter Höchstleistung erbringen sollen. Und öfters dauern die Stromausfälle nicht nur einige Minuten oder Stunden. Dann wäre natürlich eine eigene Notstromversorgung ideal. Ohne Stromversorgung verderben Lebensmittel in Kühl- und Gefrierschränken, elektronische Sicherheitseinrichtungen fallen aus.

Ersatzstromversorgung

Es gibt Ersatzstromversorgungen mit automatischen Überwachungs- und Umschalteinrichtungen, die sich automatisch starten, zuschalten und wieder abschalten lassen mit Rückschaltung auf das Versorgungsnetz, wenn es wieder die Versorgung übernehmen kann. Als wichtige Kriterien gelten Leistung, Frequenz und Spannungsstabilität und Lautstärke und Gewicht.

Mit besseren Geräten sollte man die notwendige Frequenz- und Spannungsstabilität bekommen, insbesondere für Computer. Im Wohnbereich kommt es auch auf den Lautstärkepegel des Gerätes an, nicht zuletzt im Hinblick auf eventuelle Nachbarn. Und wer das Gerät oft bewegt, sollte sehr auf das Gewicht und auf Rollen achten.

Stromproduktion mit erneuerbaren Energien – *energías renovables*

Spanien ist eines der Länder mit den meisten Sonnenstunden. Die Zulassung zum Betrieb einer photovoltaischen Anlage – *energía solar fotovoltaica* – mit Einspeisung ins Stromnetz ist mit einigem Bürokratieaufwand verbunden. Die Sonnensteuer – *Impuesto al sol* – auf den Photovoltaik-Eigenverbrauch wurde von der neuen spanischen Regierung im letzten Herbst abgeschafft. Weitere Maßnahmen für die Förderung erneuerbarer Energien wurden beschlossen.

Auf dem Land

In sehr dünn besiedelten Gebieten sind Hausbesitzer aufgrund fehlender öffentlicher Stromversorgung gezwungen, eine eigene Stromversorgung aufzubauen, wobei in solchen Fällen öfters eine Kombination von Photovoltaik und Dieselgenerator gewählt werden dürfte.

Wer sich eine Stromleitung neu legen lassen will, muss mit hohen Kosten rechnen, weshalb diese schon vor dem Kauf abgeklärt sein sollten.

Wasser(qualität)

Fragen

Woher kommt das „Trinkwasser" (öffentliche Leitung, privatrechtliche AG oder sonstige Gesellschaft? Qualität? Speichermöglichkeiten auf dem Grundstück, u. a. für Regenwasser? Dauerhaft zu erwartende Quantität und Qualität des Wassers?
Wer hat das Sagen innerhalb einer eventuell bestehenden Wasserversorgungsgemeinschaft? Wie hoch sind die laufenden Kosten für die Quelle bzw. den Brunnen? Ist der Brunnen auch vom Umfang und der Tiefe genehmigt? Wie sind die Wasserbezugsrechte abgesichert?

Ist man an das öffentliche Wassernetz angeschlossen, bedeutet dies nicht automatisch, dass Tag und Nacht Wasser zur Verfügung steht. Wenn man dies aber weiß und sich darauf einrichtet, ist das Problem nur noch halb so groß. Unter Umständen wird es notwendig sein, Regenwasser in Töpfen und Wannen zu „horten". Eventuell kommt auch der Wassertankwagen.

Das sogenannte Trinkwasser in Spanien schmeckt nicht immer gut, Chlor macht sich eventuell bemerkbar. Zu der Frage, ob Leitungswasser getrunken werden kann, lautet die Antwort des Spanischen Fremdenverkehrsamtes – www.spaininfo.de: „Die Trinkwasserversorgung ist in ganz Spanien gesichert. Unser Land verfügt über ein strenges Kontrollsystem, das die Qualität des Wassers garantiert. Trotzdem ist der Verbrauch von abgefülltem Mineralwasser in einigen Bereichen der Mittelmeerküste und auf den Inseln sehr verbreitet.“

Wasserbezugsrechte und Brunnen

Schwierig wird es vor allem dann, wenn man mit der Immobilie irgendein Wasserbezugsrecht von einer Quelle miterwirbt und nicht an die öffentliche Wasserversorgung angeschlossen ist. Egal wie viele Liter Wasser auf dem Papier versprochen werden, erst später wird sich zeigen, ob und wie viel Wasser tatsächlich fließt, wie gut die Qualität ist, ob das ganze Jahr über... Einen eigenen Brunnen legal bohren zu dürfen, dürfte seltenst genehmigt werden. Bei vorhandenen ist nach der Genehmigung zu fragen. Illegale Brunnen sind in Spanien ein altbekanntes Problem, siehe dazu auch Kapitel 1.

Vorratsbehälter für Regenwasser – *depósito*

Es sollte überlegt werden, wie das Regenwasser sinnvoll verwendet werden kann. Zumindest für die Gartenbewässerung ist es kein großer Aufwand, Regenwasser zu sammeln und für die Bewässerung zu verwenden (falls es welches gibt). Der nächste Schritt wäre die Nutzung des Regenwassers für die Toilettenspülung und die Waschmaschine.

Viele Gelegenheiten, die Vorratsbehälter aufzufüllen, gibt es im sommerlichen Spanien nicht. Es muss deshalb gewährleistet sein, dass möglichst viel Regenwasser über Dachrinnen und Oberflächen auf ein Mal eingefangen wird und auch gespeichert werden kann. Auch kann eine Zisterne als Notreservoir für Brauchwasser dienen, wenn aus dem Wasserhahn kein Wasser mehr kommt.

Sickergruben – *fosas sépticas*

Sickergruben anstelle einer öffentlichen Abwasserkanalisation gibt es in Spanien sehr viel öfters als viele Deutsche denken. Die Sickergrube wird als hauseigene Kläranlage verwendet. Den Namen und die Telefonnummer eines Reinigungsunternehmens zur Hand zu haben ist vorteilhaft gerade dann, wenn Mieter oder Gäste ohne jede Rücksicht Speisereste, Windeln und Monatsbinden über das Spülbecken oder die Toilette entsorgen.

Fragen

Welche Art von Sickergrube? Welches Fassungsvermögen? Aktueller Zustand? Wer entsorgt?

2.5 Finanzierung

Deutsche Banken wollen „deutsche" Sicherheiten

Bei der DSA-Beratung spielen Finanzierungen und insbesondere spanische Hypotheken eine sehr untergeordnete Rolle. Käufer finanzieren entweder mit Eigenkapital oder mit Darlehen deutscher Banken, die mit deutschen Vermögenswerten abgesichert sind. Dies bedeutet im Vergleich zu einer spanischen Hypothek eine sehr viel einfachere Handhabung und geringere Kosten. Für einen Kredit bei einer spanischen Bank müssten deutsche Unterlagen übersetzt werden, die Bearbeitung dürfte in der Regel sehr viel länger dauern und die Kosten wären auch insgesamt gesehen merklich höher.

Verständlicherweise ist die Finanzierung der Auslandsimmobilie am einfachsten, wenn der Kreditnehmer das Geld von seiner Hausbank bekommt, sei es wegen seiner persönlichen Bonität oder einer Absicherung durch Vermögenswerte in Deutschland. Ohne „deutsche" Sicherheit dürfte man aber keine deutsche Bank finden, die eine spanische Wohnimmobilie finanziert, was wohl am zusätzlichen Aufwand und fehlenden Kenntnissen liegen dürfte. Zwar haben viele Kreditinstitute im Ausland Niederlassungen aufgebaut. Diese dienen aber vor allem den Geschäftskunden und sehr viel größeren Geschäftsvolumina.

Spanische Banken

Die Einschaltung eines spanischen Kreditinstitutes kann Verständigungsschwierigkeiten wegen mangelnder Sprachkenntnisse mit sich bringen und ebenfalls zu Verzögerungen führen. Spanische Banken vor Ort sind aber in der Lage, verhältnismäßig schnell ein Finanzierungsangebot zu machen, da sie natürlich den örtlichen Immobilienmarkt und die betreffenden Rechtsvorschriften kennen. Andererseits kann es zu Verzögerungen kommen und teuer werden, wenn irgendwelche Unterlagen, bspw. Einkommensnachweise, beschafft und übersetzt werden müssen.

Spanische Hypotheken mit variablem Zins

Es werden von spanischen Banken für Wohnungen weiterhin Finanzierungen bis zu 100 % und darüber angeboten. Doch ist dies nicht der einzige Unterschied zwischen Deutschland und Spanien. In Spanien wird meist variabel finanziert.

Nicht ungewöhnlich sind in Spanien lange Kredit-Laufzeiten von 20 oder 30 Jahren oder noch länger. Zwar mag dies finanziell bedrängten Immobilienkäufern und -besitzern vorübergehend helfen. So werden aber bei diesen sehr langen Laufzeiten auch noch Kinder und Enkel die Restschulden bezahlen müssen. Die Konditionen für variable Kredite setzen sich oft aus einem festen Zinssatz für die Anfangsperiode und einem variablen Zinssatz aus Euribor zzgl. einem prozentualen Aufschlag für die Folgezeit zusammen.

Die direkte oder zumindest relativ zügige Weiterleitung der Post nach Deutschland sollte im Falle eines spanischen Bankenkredites gesichert sein, damit nicht – weil irgendeine Rate nicht oder auf ein falsches Konto bezahlt wurde, der Eigentümer in Deutschland davon nichts erfährt und die Mahnung der Bank im Briefkasten in Spanien liegen bleibt – die spanische Bank wegen der ausstehenden Rate schon an die Versteigerung denkt.

Nueva Ley

Eine neue umfassendere gesetzliche Regelung zu den Hypotheken soll Anfang 2019 in Kraft treten. Am wichtigsten, gerade nach den gerichtlichen Auseinandersetzungen in Spanien, ist die Regelung zu den Kosten. Alle Kosten der „Formalisierung" der Hypothek, also z. B. die *AJD*-Steuer und die Notarkosten, trägt zukünftig die jeweilige Bank – *todos los gastos de la formalización a cargo del banco* – mit Ausnahme der Bewertungsgutachten.

Nun soll es auch Höchstbeträge für Abstandsbeträge bei der vorzeitigen Ablösung von Krediten geben –*por amortizar la hipoteca de forma anticipada.*

Bevor eine Bank eine Wohnung oder ein Haus zwangsräumen darf, müssen mehrere Bedingungen erfüllt sein, ebenso bei einer vorzeitigen Auflösung eines Hypothekenvertrages.

2.6 Küstengesetz und Schwarzbauten

Küstengesetz – *Ley de Costas:* Worauf achten?

Vorneweg sei auf die Ausführungen unter Kapitel 1.4 und 1.5 über ungezügelte Bautätigkeit, Küstengesetz, Korruption und Landraub hingewiesen.

Wer immer sich für eine Immobilie in Ufer- und Strandnähe interessiert, sollte sich vorher sehr genau über den Verlauf der unterschiedlichen Zonen erkundigen. Teilweise sind die Grenzziehungen bzw. Demarkationslinien äußerst umstritten. Will er kein Risiko eingehen, wird er im Normalfall in den ersten beiden Schutzzonen nichts kaufen oder sich zumindest vorher über denkbare Konsequenzen der jeweiligen Einstufung der Immobilie oder rechtlichen Zulässigkeit der Immobilie gründlich informieren. Besondere Vorsicht ist in der öffentlich-rechtlichen Strandzone angebracht, von dieser sollte man Abstand nehmen. In der sich anschließenden Schutzzone, die für Kaufinteressenten im Strandbereich die wichtigste Rolle spielt, werden die Eigentümer mit der Ungewissheit leben müssen, dass niemand genau weiß, was nach Ablauf des Nutzungsrechtes passiert. Allerdings liegt dieser Zeitpunkt in weiter Ferne. Es gibt weiterhin viele Immobilien, die auch nach der neuen Rechtslage abgerissen werden müss(t)en. Kaufinteressenten sollten also aufpassen, dass Sie kein abrissbedrohtes Objekt erwerben.

Erfolgsrezept: Illegal bauen, Beziehungen haben und ein Bußgeld bezahlen

Es wird in Spanien gebaut, und durchaus auch ohne die notwendigen Genehmigungen oder ohne umfassende Baugenehmigungen, zurückhaltend formuliert. Es kann auch sein, dass schon im Vorfeld klar ist, dass das eigentliche Bauvorhaben nicht genehmigt wird, dass dann ein Bauantrag gestellt wird mit einem genehmigungsfähigen Vorhaben, schlussendlich wird aber nach den ursprünglichen Vorstellungen gebaut, die erhaltene Baugenehmigung dient für den Etikettenschwindel „genehmigt".

Eventuell wird eine Baueinstellung von den amtlichen Stellen mit der Begründung verworfen, dass man lieber ein fertiges nicht genehmigtes Gebäude dastehen habe als einen halbfertigen Rohbau bzw. eine Ruine nach einer erzwungenen Baueinstellung. Diese Begründung wird aber nicht bei Häusern und kleineren Wohnanlagen benutzt, sondern nur bei sehr großen Gebäuden und Anlagen. Wer also illegal baut, muss eben „groß" bauen, dann hat er die größeren Chancen fertigbauen zu dürfen, so die Moral der Geschichte. Dies mag zwar nicht in jedem Fall funktionieren, aber ein Spekulant mit den entsprechenden Verbindungen wird es schaffen, dass die Baueinstellung nicht sofort nach Baubeginn erfolgt und damit den entscheidenden Zeitgewinn erreichen. Und stehen einmal fünf Stockwerke oder noch mehr, dann wächst die Wahrscheinlichkeit mit jedem Stockwerk mehr, dass das Gebäude auch fertiggestellt werden darf, natürlich unter der Voraussetzung, dass eine Geldbuße bezahlt wird, die sicherlich sehr gern bezahlt wird.

Zum Thema Schwarzbauten sei auch auf das Kapitel 4 „Bauen ..." hingewiesen.

„Crisis del ladrillo": Leerstehende Wohnanlagen und Wohnungen

Eine neue Situation ergab sich nach der Immobilienkrise aus der hohen Zahl von halb oder ganz fertiggestellten, aber leerstehenden Häusern, Wohnungen und sogar Ortsteilen. Den Bauträgern fehlten Kapital und Käufer.

Zwar kann man sich eventuell billigst einkaufen, geht aber, auch wenn eine gültige Baugenehmigung vorliegen sollte, bei halbfertigen Bauten ein großes Risiko hinsichtlich der Fertigstellung ein. Auch im Falle der Fertigstellung ist es fraglich, ob sich genügend Käufer finden lassen, damit die Wohnanlage kein Geisterdorf bleibt. Davon sollte man die Hände lassen.

In vielen Fällen sind diese Immobilien im Laufe der vielen Jahre „schrottreif" geworden, da bleibt eigentlich nur der Abbruch, der aber auch Geld kostet. In der Zwischenzeit werden solche Anlagen zum Objekt von Vandalismus.

Nach durchaus realistischen Schätzungen gibt es über drei Millionen leerstehende Wohnungen in Spanien, davon sollen circa 600 000 leerstehende fertiggebaute Wohnungen aus der Zeit der Immobilienblase stammen.

„Gemelos 28" in Benidorm

Ein etwas anderes und besonders krasses Beispiel (und eine der viel zu wenigen Ausnahmen davon, dass auch abgebrochen werden muss, zumindest nach dem aktuellen Stand) sind die Wohntürme „Gemelos 28" in Benidorm. Die Besonderheit: 180 Millionen Euro soll das Land *Valencia* bezahlen für Abriss und Entschädigung an den Bauunternehmer. Die damalige *PP*-Regierung hatte das Projekt trotz Verstoßes gegen das Küstengesetz genehmigt. Letztendlich sind die Steuerzahler diejenigen, die dies bezahlen müssen.

Höchste Vorsicht bei Werbung mit Prominenten

Besonders vorsichtig sollten Sie sein, wenn mit Prominenz geworben wird. Eine derartige Werbung sollte eher ein Grund dafür sein, von einem Kauf Abstand zu nehmen. Dies gilt im Übrigen nicht nur für Immobilien sondern für den gesamten Kapitalanlagebereich.

Dazu ein uraltes klassisches Beispiel: Der verstorbene Schauspieler Stewart Granger ist vielleicht manchen Lesern aus Winnetou-Filmen ein Begriff, in denen er den Old Surehand spielte. Leider hat er in Südspanien für ein Immobilienprojekt namens Rancho Verde geworben, das den Käufern Verluste einbrachte. Das ist zwar schon einige Jahrzehnte her, aber er ist das Symbol für Prominente, die für Immobilienprojekte Werbung machen und den Käufern kein Glück bringen.

Es gibt noch zahlreiche weitere Fälle, die mich zu der Überzeugung gebracht haben, dass die Werbung mit Prominenten für Immobilienprojekte eher ein schlechtes als ein gutes Zeichen ist. Da denke ich immer an den obigen Old Surehand, der nur im Film eine sichere Hand hatte und jedes Ziel treffen konnte.

Rohland, Bauerwartungsland und Prominente

Die beiden folgenden Beispiele mit vielen deutschen geschädigten Käufern sind nicht neueren Datums sondern teilweise uralt. Aber sie sind und bleiben zeitlos aktuell, weil sich die Vorgehensweisen der unseriösen oder gar betrügerischen Anbieter im Grundsatz nicht ändern.

„Wenn aus Rohland Bauland wird" war mal vor langer, langer Zeit die gekonnte Werbung der Doñana Landerschließungs-AG für den Verkauf von Grundstücken an der spanischen Atlantikküste in der Provinz Huelva. Aber: Es gab keine Baugenehmigung, so dass das Projekt scheiterte. Dies ist aber kein Einzelfall und kommt immer wieder vor. Oftmals werden Grundstücke angeboten, für die keine Baugenehmigungen vorliegen und es auch keine geben wird oder dies noch völlig ungewiss ist oder die Erschließungskosten für das betreffende Gebiet so hoch werden, dass es aus finanziellen Gründen nicht in Frage kommt zu bauen, auch wenn eine Bebauung rechtlich zulässig wäre. Besonders vorsichtig zu sein gilt es auch dann, wenn von Bauerwartungsland die Rede ist. Dies kann bedeuten, dass man vergeblich auf eine Baugenehmigung und die Erschließung wartet. Bei der Doñana Landerschließungsgesellschaft wurde auch damit geworben, dass der Verkaufschef Prinz Leopold von Bayern gute Beziehungen zu seinem Onkel, dem spanischen König, habe.

Örtliche Behörden machen mit

So gibt es eben viele Schwarzbauten mit welcher Bauqualität auch immer, eventuell fehlt dann auch noch die Infrastruktur für Strom, Wasser und Abwasser. Wie kann sich da ein ausländischer Käufer zurechtfinden?

Diese illegalen Wohnungen und Häuser – *viviendas y casas ilegales* – sind und bleiben ein aktuelles Thema. Dies hängt auch damit zusammen, dass flächenhafte „Schwarzbaugebiete" nicht nur ein Problem für die Eigentümer sondern auch für die öffentliche Dorf- und Stadtentwicklung sind. Die nachzuholende Bauleitplanung und die Überarbeitung veralteter Flächennutzungs- und Bebauungspläne kosten die Gemeinden viel Geld, das sie oft nicht haben.

Was tun?

Wer als Kaufinteressent erfahren hat, dass die vorgeschriebene Baugenehmigung nicht vorliegt, mag in diese Richtung denken bzw. wird ihm vielleicht vom Makler oder Verkäufer gesagt, dass die Legalisierung möglich sei oder das Gebäude geduldet werde, weshalb ein Abriss nicht befürchtet werden müsse.

Kaufinteressenten muss generell empfohlen werden, die baurechtliche Situation anhand von Unterlagen sehr genau überprüfen zu lassen, auch bei Häusern, die schon viele Jahre alt sind. Erst dann kann der Kaufinteressent bewusst entscheiden, ob er kauft oder nicht. Nicht jeder Schwarzbau wird abgerissen, aber auch nicht jeder Schwarzbau wird geduldet oder kann nachträglich legalisiert werden. Schwarzbauten oder teilweise Schwarzbauten bringen jedenfalls Nachteile mit sich, auch wenn diese Bauten nicht abgerissen werden müssen, das kann die nicht geprüfte Statik aber auch die Bauqualität insgesamt betreffen. Außerdem sind An-, Um- oder Ausbauten rechtlich nicht zulässig.

Nachträgliche Legalisierung oder Duldung?

Eine nachträgliche Legalisierung also eine nachträgliche Genehmigung ist denkbar, wenn sich die Bebauungspläne oder sonstigen Pläne im Sinne einer legalen Bebauungsmöglichkeit zugunsten der dortigen Eigentümer geändert haben. Das ist aber eher sehr selten der Fall, da sollte man sich auf eine mündliche Zusage allein nicht verlassen, weder vom Verkäufer noch Makler noch von irgendeinem Mitarbeiter der Gemeinde.

Das gleiche gilt für die Aussage, dass das Gebäude geduldet wird, weil es schon so und so viele Jahre schon dasteht. Auch das sollte gründlich nachgeprüft werden. Je nach Land gibt es unterschiedliche Vorschriften, für einen ausländischen Käufer nur schwer durchschaubar.

Außerdem kann ein genehmigter Viehstall nicht ohne Genehmigung als Wohnzimmer ausgebaut und genutzt werden. Nur der Viehstall ist genehmigt, damit aber nicht automatisch auch der Umbau oder die Nutzung als großzügiges Wohnzimmer. Oftmals wird einfach von genehmigten Flächen gesprochen, aber nicht unterschieden zwischen Wohn- und sonstiger weniger wertvollen Nutzflächen. Nutzflächen dürfen nicht als Wohnflächen genutzt werden, falls gewünscht müsste eine Genehmigung beantragt werden, die es eventuell nicht geben wird.

Vorvertrag und dann die Baugenehmigung bis zum Notarvertrag?

Diese Vorgehensweise kann zu einer langen Hängepartie werden. Auch wenn die Genehmigung kommen wird, ob für das Gebäude insgesamt oder für einen vom Käufer gewünschten An-, Um- oder Ausbau, kann niemand zusagen wann. Oder die Genehmigung gibt es doch nicht oder nicht im gewünschten Umfang, dann war (fast) alles umsonst.

2.7 Immobiliensuche, Immobilienmarkt und -preise

Scheinbarer Zeitdruck und die eigene Erwartungshaltung

Wie schon erwähnt sollten Sie sich dort, wo Sie kaufen wollen, persönlich umsehen und Preise vergleichen. Aber viele Kaufinteressenten haben ein zeitliches Problem. Die Immobilie möchte man mit möglichst wenig Zeitaufwand erwerben, die Zeit drängt, da man „übermorgen" schon wieder nach Hause fliegen muss. Dieser Zeitdruck war und ist eines der größten Probleme von Kaufinteressenten und eine der größten Chancen unseriöser Vermittler.

Immobilienportale und Besichtigungen

Das Internet mit einer Vielzahl von Immobilienportalen ist ein idealer Ausgangspunkt für die Immobiliensuche, aber auch nicht mehr. Unabhängig davon sollten Sie sich immer auch vor Ort umsehen. Bilder sind leicht zu manipulieren.

Ohne Anspruch auf Vollständigkeit sollen einige deutsche und spanische Immobilienportale aufgezählt werden. Zu den deutschen Portalen zählen u. a. www.immobilienscout24.de, www.immonet.de, www.immowelt.de. und www.bellevue.de mit ausländischen Wohnimmobilien.

Zu den spanischen Immobilienportalen zählen u. a. www.idealista.com (teilweise auf Deutsch), www.fotocasa.es (teilweise auf Deutsch), www.comprarcasa.com (*Unión de Créditos Inmobiliarios*), www.sareb.es (Bad-Bank *SAREB – Sociedad de Gestión de Activos procedentes de la Reestructuración Bancaria*).

Ein spezialisiertes Vermittlungsunternehmen für ländliche Immobilien und „ganze" bzw. aufgegebene Dörfer und Weiler finden Sie unter aldeasabandonadas.com (teilweise auch in deutscher Sprache). Je nach Region unterschiedlich ist die Landflucht ein großes Problem.

Besichtigungen vorort

Vorort bekommen Sie einen noch besseren Eindruck davon, was Sie vernünftigerweise an Lage, Ausstattung usw. erwarten dürfen. Der dafür entstehende Aufwand an Zeit und Geld lohnt sich sehr. Auch für die Preisfindung bzw. für die Einschätzung der Preiswürdigkeit können Besichtigungen sehr hilfreich sein.

Zwangsversteigerungen?

Wie in Deutschland kommen auch in Spanien regelmäßig Immobilien unter den Hammer. Ebenso wie in Deutschland kann man auch in Spanien mit etwas Glück eine Immobilie sehr günstig ersteigern. Nur besteht eben für Ausländer das Problem, dass sie den Erwerb meist von Deutschland aus organisieren müssten. Es wäre aber natürlich wichtig, die Immobilie vorher zu besichtigen, ob sie überhaupt in Frage kommt. Außerdem fehlen in der Regel auch nur rudimentäre Kenntnisse für eine Teilnahme an einer Versteigerung. Wenn dritte Personen am Versteigerungstermin mehr bieten, müsste ein neuer Anlauf gestartet werden.

Preisentwicklung

Die Wertverluste von Wohnimmobilien in der Immobilienkrise generell mit der Bandbreite 30 bis 50 % zu beziffern, dürfte zutreffen, zwischenzeitlich sind einige Verluste wieder aufgeholt worden. Seit circa zwei bis drei Jahren befindet sich der spanische Immobilienmarkt in einem kräftigen Aufwind, wenn auch regional sehr unterschiedlich ausgeprägt, die fast zehnjährige Immobilienkrise ist vorbei.

Dieser Ratgeber dient nicht dazu, die weitere Preisentwicklung vorherzusagen, das ist auch nicht möglich, realistisch betrachtet. Ein paar Informationen und Einschätzungen seien aber weitergegeben.

Links zu aktuellen Artikeln über Immobilienpreise

Umfassende Preistabellen und -beispiele und Marktberichte werden Sie hier nicht finden. Dies liegt einmal daran, dass sich sehr verlässliche und genaue Preistabellen kaum finden lassen und sich diese höchstens auf ein kleineres Gebiet beziehen könnten und der Ratgeber nicht mit vielen Tabellen gefüllt werden soll. Außerdem sind manche Objekte wie *Fincas* so unterschiedlich, dass man diese Preise nicht vergleichen kann wie bei Eigentumswohnungen oder Reihenmittelhäusern, die oftmals „Objekte von der Stange" sind. Auf der Internetseite der DSA – www.dsa-ev.de – finden sich unter „Aktuelles" Links zu aktuellen Artikeln über Immobilienpreise in spanischen Zeitungen und Internetseiten mit kurzen Zusammenfassungen in deutscher Sprache. Sie bieten eine begrüßenswerte Orientierungshilfe und aktuelle Informationen.

Manche Preistabellen stammen eventuell auch nicht aus den Kaufverträgen sondern sind aus den Angebotspreisen von Internetinseraten abgeleitet (obwohl diese Angebotspreise eher selten den endgültigen Kaufpreis darstellen) oder sind auf irgendeine andere Art indirekt ermittelt worden. Gerade in Spanien gibt es öfters Unterschiede zwischen den in den Angeboten genannten Preisen und den tatsächlich bezahlten Preisen, die deutlich unter den ursprünglichen Angeboten liegen können.

Am wichtigsten ist es aber, sich selbst in der betreffenden Region umzuschauen. Entscheidend für einen sinnvollen konkreten Preisvergleich sind nur gleichartige Objekte in vergleichbarer Lage und vergleichbarem Zustand.

Wenn Sie dort suchen, wo andere Ausländer nicht kaufen und noch Landflucht herrscht, werden Sie am günstigsten kaufen können.

Preisfindung

Die Preisfindung bei einer Immobilie hängt von vielen Gesichtspunkten ab, von der Lage (wahrscheinlich können Sie es schon gar nicht mehr hören: „1. Lage, 2. Lage, 3. Lage"), dem Typus der Immobilie, der Größe, der Einrichtung, der Nachbarschaft, Meer oder Strandnähe, Verkehrsinfrastruktur usw.

Besonders schwierig ist die Preisfindung für Altbauten, Fincas, Landsitze und jegliche Art von Immobilien, die vor langer Zeit gebaut wurden und zu denen unterschiedlich große Grundstücke gehören. Derartige Objekte sind im Preis kaum vergleichbar, weil sie sich meist in vielerlei Hinsicht unterscheiden.

Etwas einfacher ist der Preisvergleich bei Apartments und Reihenhäusern. In großen Touristen-Regionen auf dem Festland und auf den Inseln gibt es viele vergleichbare Objekte, was den Überblick erleichtert. Wenn Sie schon beim Kauf auch wichtige Aspekte für den Weiterverkauf berücksichtigen wollen, müssen Sie jeweils beurteilen, ob das betreffende Objekt „gängig" ist und im Hinblick auf Größe und Ausstattung gefragt ist. Je ausgefallener ein Objekt ist, umso eher werden Sie bei einem späteren Weiterverkauf Probleme haben, einen Käufer zu finden, es sei denn Sie finden einen Liebhaber, der Ihnen vielleicht sogar einen höheren Preis als erhofft bezahlt.

Gründe für aus deutscher Sicht „niedrige" Baupreise können sein: niedrigere Arbeitskosten, wenig Komfort, keine Heizung, keine Isolierung, billige Materialien.

Wer sich preisgünstig einkaufen will, sollte nicht selbst bauen oder bauen lassen, sondern ein gebrauchtes Objekt suchen. Er wird gute Qualität zu einem Preis finden, der – auch wenn das Objekt nur ein paar Jahre alt ist – viel niedriger liegen dürfte als der Preis für einen von Ihnen geplanten Neubau. Nur wenn Sie von Banken und Bauträgern schon fertiggestellte Standard-Neubauten erwerben, dürfte es für Sie günstig werden.

2.8 Immobilienmakler – *agentes inmobiliarios* – oder Vermittlungsagenturen – *agencias inmobiliarias*

Kompetent und vertrauenswürdig?

Die Immobilienkrise hat zu einem „Maklersterben" geführt, wobei anzufügen ist, dass während des Immobilienbooms sich fast jeder dazu berufen fühlte. Die Einschaltung deutscher oder spanischer Makler kostet meist zusätzliches Geld. Dennoch kann die Einschaltung eines Maklers sinnvoll sein. Er hat vielleicht das passende Objekt im Angebot, dann sollte er dafür auch eine Provision erhalten. Ein kompetenter und vertrauenswürdiger Makler kann Ihnen auch sehr viel Arbeit ersparen und für Sie die Abwicklung übernehmen. Dann hat er auch seine Provision verdient und sollte ihm nicht streitig gemacht werden.

Zwischenzeitlich gibt es auch bei Maklern internationale Franchiseunternehmen. Lassen Sie sich nicht von irgendwelchen bekannten Namen blenden, entscheidend für die Qualität der Dienstleistung ist der konkrete Makler vor Ort. Da hat es schon manche Enttäuschung gegeben.

Die Aufklärung von Kaufinteressenten beispielswiese durch Bücher, Informationsblätter und durch telefonische und schriftliche Beratung der Deutschen Schutzvereinigung Auslandsimmobilien e. V. ist die große Chance für seriöse und fachlich versierte Makler. Ein naiver und ahnungsloser Kaufinteressent wird sich fast jedes Objekt andrehen lassen, unseriöse oder gar betrügerische Makler haben leichtes Spiel. Diese müssen sich nicht die Mühe machen, ein sorgfältiges Dossier über ein Objekt zu erstellen und einzelne Gesichtspunkte abzuklären. Ein kompetenter Berater erkennt in der Regel anhand der vorgelegten Unterlagen sehr schnell, in welche Kategorie der Makler oder Bauträger oder der Vertragsentwurf einzuordnen ist.

„Gelegenheitsmakler"

In Spanien ist der Maklerberuf wie in Deutschland jedermann frei zugänglich. Sie werden in Spanien fast immer jemanden finden, der jemanden kennt, der eine Immobilie verkauft, oder jemanden kennt, der Immobilien vermittelt. Dann stellt sich natürlich die Frage, wem man vertrauen kann und wer von Immobilien etwas versteht. Jemand, der aus Langeweile oder zum Geldverdienen nebenher makelt, mag ein gutes Objekt im Angebot haben, eine gute fachliche Betreuung dürfen sie aber nicht erwarten. Sie sollten sich nicht an einen bestimmten Makler binden, sondern vielmehr verschiedenen Leuten Ihr Kaufinteresse bekunden und für den Fall der erfolgreichen Vermittlung eine Erfolgsprovision vereinbaren.

Es gibt den *Consejo General de los Colegios Oficiales de Agentes de la Propiedad Inmobiliaria de España*, eine öffentlich-rechtliche Einrichtung für Makler, die in Kammern organisiert und in Registern eingetragen sind bzw. eingetragen sein wollen (https://consejocoapis.org/). Eine weitere Makler-Vereinigung nennt sich *GIPE* (www.gipe.es, teilweise auch in deutscher Sprache), wobei dies für „*Gestor Intermediario en Promociones de Edificaciones*" steht (die Aufzählung der Organisationen erhebt keinen Anspruch auf Vollständigkeit).

Berufshaftpflicht

Wenn der Makler Ihnen nicht nur ein für Sie interessantes Objekt zeigen, sondern sie auch umfassend beraten soll, sollten Sie nach seiner Ausbildung und seinem Werdegang fragen. Wer nichts zu verbergen hat, wird ihnen diese Auskünfte geben. Außerdem sollte ein professioneller Makler auch eine Berufshaftpflicht abgeschlossen haben für den Fall, dass einem seiner Kunden ein Schaden entsteht, den er zu vertreten hat.

Vollmacht für den Makler?

Ein Makler ist sicherlich an einem schriftlichen Auftrag interessiert, aber eine Vollmacht benötigt er in aller Regel nicht. Sie mögen ihn also mit der Objektsuche schriftlich beauftragen, aber für eine Vollmacht zum Abschluss eines Vertrages besteht keine Notwendigkeit.

Kontaktaufnahme mit dem Eigentümer

Sie erhalten unter Umständen wertvolle Informationen. Lassen Sie sich immer die Anschrift des oder der Verkäufer geben und nehmen Sie mit ihm Kontakt auf, ob dieser nun in Großbritannien, in den Niederlanden oder Russland sitzt. Es gibt unseriöse Vermittler, die sich mit fadenscheinigen Ausreden weigern, die Anschrift weiterzugeben. Zum Beispiel wird die Ausrede gebracht, dann sei die Provision in Gefahr. Auch wenn diese aus welchen Gründen auch immer in Gefahr wäre, handelt es sich dabei um ein Problem des Vermittlers, das er selbst lösen muss.

Es kann sein, dass er dem Eigentümer vorgespiegelt hat, dass sich die Immobilie nur zu einem sehr niedrigen Preis verkaufen lasse und er gleichzeitig von Ihnen 50 Prozent mehr verlangt. Vielleicht hat er noch gar keinen Verkaufsauftrag vom Eigentümer erhalten und muss sich noch zuerst mit dem Eigentümer über den Verkaufsauftrag einigen. Oder der Eigentümer ist verstorben und die Erbengemeinschaft ist sich noch nicht über den Verkaufspreis einig.

Maklergebühren sind Verhandlungssache

Bei einem Verkäufer schmälert eine Maklergebühr den Erlös, bei einem Käufer verteuert sich der Kaufpreis durch diese sogenannten *soft costs* – weichen Kosten. Aber es ist ja in Ordnung, dass ein Makler, der mit seiner Vermittlungstätigkeit erfolgreich ist, eine Provision bekommt. Entscheidend ist, dass die Dienstleistung stimmt.

Über die Höhe kann man durchaus unterschiedlicher Meinung sein. Und diese ist gesetzlich nicht fixiert, auch wenn manche Makler so tun, als ob vor Ort übliche Maklerprovisionen Gesetzesform hätten.

Die Höhe der Provision ist frei vereinbar. Drei bis 4 Prozent bei Wohnungen und Grundstücken können als Richtschnur gelten und sollten auch ausreichen. Falls der Makler über das übliche Maß hinausgehende zusätzliche Dienste für Sie leistet, mag man diese gesondert honorieren. Wenn der Makler sowohl vom Verkäufer als auch vom Käufer Provision kassiert, sollte dies bei der Höhe der Provision auch berücksichtigt werden.

Wichtig: Zeitpunkt der Provisionszahlung

Makler sind daran interessiert, dass die Provision möglichst früh anfällt, also zum Beispiel bei Abschluss des privatschriftlichen oder notariellen Kaufvertrages, da dann das Risiko, dass der Vertrag oder die Eigentumsübertragung in einem späteren Stadium scheitert, nicht mehr auf die Provision zurückschlägt. Deshalb sollten Sie klar und eindeutig vereinbaren, dass die Provision erst dann fällig wird, wenn alles überprüft, ein privatschriftlicher und notarieller Kaufvertrag abgeschlossen wurde und der Übergang des Eigentums und möglichst auch die Eintragung im Register erfolgt ist.

Darauf müssen Sie achten: Doppelte Provision?

Fragen Sie, ob der Makler von beiden Seiten Provision erhält. Diese doppelte Provision ist rechtlich nicht von vornherein unzulässig, der Makler sollte aber in dieser Hinsicht mit offenen Karten spielen. Es besteht die Gefahr einer Interessenkollision.

Der über einen Pauschalbetrag hinausgehende Betrag als Provision?

Der Makler vereinbart mit dem Verkäufer einen pauschalen Verkaufspreis, was darüber hinaus geht, landet in den Taschen des Maklers. Dies ist eine hin und wieder anzutreffende und für Verkäufer und Käufer eine nachteilige Angelegenheit insbesondere dann, wenn sich der Verkäufer nicht vorher unabhängig über einen angemessenen Verkaufspreis informiert hat und der Käufer nicht erkennt, dass der Makler derjenige ist, der über den Preis und den Käufer entscheidet. Käufer und

Verkäufer dürfen eher nicht erwarten, dass der Makler Ihre Interessen berücksichtigt, eher das Gegenteil, da er bei dieser Regelung den Verkauf vor allem als „sein eigenes Geschäft“ im Auge haben dürfte.

2.9 Rechtliche Aspekte: „Grundbuch“, „Kataster“, Eigentum, Belastungen usw.

Zuerst vollständige und aktuelle Unterlagen, dann …

Vorweg sei schon an die obigen Ausführungen über das Küstengesetz erinnert und die Schutzzonen, die je nach Lage der Immobilie eine Rolle spielen können.

Dass die vom Käufer vorgelegten Unterlagen eingehend und möglichst vor einer Unterschrift überprüft werden sollten, kann nicht oft genug betont werden. Falls die Unterlagen nicht vollständig sind, sollten diese unnachgiebig nachgefordert werden. Meist trennt sich sehr schnell die „Spreu vom Weizen“.

Die Gefahr Geld zu verlieren ist zu hoch, als dass man trotz unvollständiger Unterlagen kaufen sollte. Leider wird aber diese verhältnismäßig einfache Verhaltensregel oft missachtet. Manchen mag es verwundern, dass auch beim Kauf eines schon bestehenden Gebäudes eine Baugenehmigung verlangt werden soll. Dies ist aber notwendig, weil es in Spanien all zu viele Schwarzbauten gibt. Bei sehr alten Gebäuden ist es durchaus möglich, dass es zum Zeitpunkt der Erstellung keiner Baugenehmigung bedurfte. So weit, so gut. Wenn nun aber nach dem Kauf saniert, angebaut oder umgebaut werden soll oder dies schon passiert ist, kann durchaus eine Baugenehmigung notwendig geworden sein bzw. notwendig werden, siehe dazu auch das Kapitel Bauen und Renovieren.

Deutsches Grundbuch und spanisches Eigentumsregister

Wenn vom spanischen „Grundbuch“ gesprochen wird, ist damit das spanische Eigentumsregister – *registro de la propiedad* – gemeint. Die Verwendung des Wortes Grundbuch für das spanische Eigentumsregister hat sich wohl eingebürgert, um deutschen Kaufinteressenten einen Hinweis geben zu können, worum es sich bei diesem Eigentumsregister ungefähr handelt. Diese Bezeichnung für das spanische Eigentumsregister kann aber auch gleichzeitig Missverständnisse entstehen lassen, da es zwischen dem deutschen Grundbuch und dem spanischen Eigentumsregister gravierende Unterschiede gibt.

In Deutschland hat jedes Grundstück ein Grundbuchblatt, das wiederum aus dem Bestandsverzeichnis (Bezeichnung des Grundstücks nach dem Kataster) sowie aus drei Abteilungen besteht. Diese Aufteilung bietet eine gewisse Übersicht für denjenigen, der sich für ein Grundstück interessiert. Diese Abteilungen gibt es im spanischen Register nicht. Das Register wird fortlaufend fortgeschrieben, ob es sich nun um eine Eigentumsübertragung handelt oder um die Eintragung einer Hypothek. Deshalb ist es auch sehr wichtig, die Fundstelle zu kennen, unter der ein Kaufvertrag oder eine Grundstücksbelastung im Register eingetragen ist.

Eigentümer eines Grundstücks kann man in Spanien auch ohne Eintragung im Register werden. Manche mögen dies als Erleichterung ansehen und als begrüßenswerte Flexibilität werten, tatsächlich birgt es aber auch Risiken in sich. Solange der neue Eigentümer nicht im spanischen Eigentumsregister eingetragen ist, kann der Verkäufer noch ein weiteres Mal verkaufen oder das Grundstück belasten.

Unterscheiden: *Registro de la Propiedad* („Grundbuch") und *Catastro Inmobiliario* (Immobilienkataster)

Wer Unterlagen vom *Registro* und vom *Catastro* vorliegen hat, wird oftmals feststellen, dass die Daten nicht immer übereinstimmen. Es mag entweder das eine oder das andere nicht aktualisiert worden sein, schon gibt es Differenzen.

Das Liegenschaftskataster enthält Lagepläne und Grenzen, Flächenangaben, Gebäudebestand, Katasterreferenz, Katasterwert (*valor catastral*, wichtig für manche Steuer) usw., die Daten können ganz, teilweise oder nur sehr wenig stimmen: http://www.catastro.meh.es.

Wegen der Frage nach dem Eigentümer und finanziellen Belastungen ist aber das *Registro de la Propiedad* zuständig, dort bekommen Sie den „Grundbuchauszug“ mit den Namen und den Belastungen.

nota simple heißt das Zauberwort

Ohne einen aktuellen Eigentumsregisterauszug ist es wenig sinnvoll, sich intensiv um ein Objekt zu kümmern. Allzu oft hat sich schon herausgestellt, dass irgendetwas nicht in Ordnung war, so dass die Kosten für den Besichtigungsflug oder die Besichtigungsreise und eventuell schon getätigte Aufwendungen für den Architekten, der umbauen soll, hinausgeschmissenes Geld waren.

Lassen Sie sich einen unbeglaubigten aktuellen Registerauszug – *nota simple* – oder eine beglaubigte und ausführlichere *certificación* geben. Wenn der Verkäufer nicht selbst eingetragen ist, sollte abgeklärt werden, was der im Register eingetragene Eigentümer dazu sagt. Wenn dieser darauf hinweist, dass er das Grundstück an den Verkäufer tatsächlich verkauft hat, käme in Frage, den Notarvertrag mit dem im Grundbuch eingetragenen Eigentümer abzuschließen, um Kosten und Steuern zu sparen. Würde nämlich der Verkäufer ins Grundbuch eingetragen werden, würden zusätzliche Kosten entstehen. Voraussetzung ist allerdings, dass der im Register eingetragene Voreigentümer auch mitmacht.

Je nach Güterstand muss beim Verkauf der andere Ehegatte zustimmen. Deshalb soll die verkaufende Person Ihnen entweder eine Zustimmungserklärung oder eine Vollmacht des anderen Ehegatten vorlegen.

Normalerweise genügt die sogenannte „nota simple" vorneweg, die sehr schnell erhältlich ist, auch online. Unter „Cargas" sind Belastungen, z. B. Hypotheken, aufgeführt. Sie können die *nota simple* selbst besorgen, wenn Sie die genaue Fundstelle kennen und einige Spanischkenntnisse haben: www.registradores.org.

Eintragung des neuen Käufers ohne Voreintragung des Verkäufers

Dies ist ein schwieriges Kapitel und ohne fachliche Begleitung praktisch nicht machbar. Aufgrund der Rechtslage in Spanien, dass man Eigentümer eines Grundstücks auch ohne Eintragung ins Register werden kann, kommt es vor, dass der Verkäufer im spanischen Eigentumsregister nicht eingetragen ist. Ist der Verkäufer nicht eingetragen, so kann der neue Käufer – falls überhaupt – ohne ein zusätzliches Verfahren nicht eingetragen werden. Solange dieses Verfahren nicht abgeschlossen ist, bleibt auch die Unsicherheit bestehen, ob Sie als Eigentümer eingetragen werden (können).

Reihenhäuser und sehr kleine Grundstücke mit sehr kleinen Häusern

Viele Käufer von Reihenhäusern haben beim Kauf gar nicht mitbekommen, dass sie kein eigenes Grundstück mit Reihenhaus sondern nur ein Reihenhaus quasi in der rechtlichen Form einer Eigentumswohnung erworben haben und durch Eigentümergemeinschaft und Satzung oft sehr viel mehr eingeschränkt sind als Alleineigentümer von Grundstücken mit Reihenhäusern (zum Beispiel die Fassadengestaltung betreffend, gemeinschaftliche Wege auf dem gemeinsamen Grundstück und sonstige Vereinbarungen gemäß der Teilungserklärung oder aufgrund von Beschlüssen). Je kleiner ein Grundstück ist und je mehr Häuser in gleicher oder ähnlicher Bauweise in der Nachbarschaft stehen, umso eher sollte dieser Frage nachgegangen werden. Der Grundbuchauszug gibt – normalerweise – Aufklärung.

Declaración de obra nueva – Neubauerklärung

Die Neubauerklärung wird mittels öffentlicher notarieller Urkunde vom Eigentümer nach Erstellung eines Neu-, Um- oder Anbaus abgegeben, so ist es zumindest in Spanien vorgeschrieben. Fehlt diese bzw. ist das Gebäude im Grundbuch nicht erwähnt, besteht Aufklärungsbedarf (Näheres dazu im Kapitel 4).

Gebäudeenergiepass – *Certificación Energética de viviendas*

Für Spanien als EU-Land gilt natürlich auch die EU-Richtlinie über den Energiepass usw. Sie schreibt u. a. Mindestanforderungen an die Gesamtenergieeffizienz öffentlicher und privater Gebäuden vor. Und es muss ein Energiepass erstellt werden, der beim Verkauf oder neuem Mietverhältnis vorgelegt werden muss. Käufer und Mieter sollen wissen, worauf sie sich „energiemäßig" einlassen.

Das Zertifikat, auch *certificado energético* genannt, hat eine Gültigkeit von zehn Jahren und eine Skala mit sieben Effizienzkategorien von A bis G. Betrachtet man die Bauweise der meisten Häuser, so lässt sich – nicht wirklich überraschend – feststellen, dass es an Wärmedämmung fehlt, aber auch beim Betrieb von Klimaanlagen zu viel Energie verbraucht wird, da die kühle Luft durch undichte Fugen usw. verloren geht. Allerdings ließ sich bisher nicht feststellen, dass der Energiepass in der Praxis eine merkliche Rolle spielen würde. Verständlich ist dies zumindest bei Ferienwohnungen, die nur im Sommer genutzt werden und keine Klimaanlage haben.

2.10 Vorvertrag und privatschriftlicher Kaufvertrag

Üblicherweise zwei Verträge

In der Praxis wird normalerweise ein privatschriftlicher Kaufvertrag mit dem Inhalt abgeschlossen, dass sich der Verkäufer verpflichtet, die Immobilie an den Käufer zu verkaufen, der Käufer sich zur Zahlung des Kaufpreises verpflichtet, wovon schon ein Teil als Anzahlung bei Abschluss des privatschriftlichen Kaufvertrages zu zahlen ist, und dass zu einem späteren Zeitpunkt ein notarieller Kaufvertrag abgeschlossen und zu diesem Termin die Immobilie an den Käufer übertragen wird und vom Käufer der restliche Kaufpreis zu bezahlen ist. Es sind aber auch viele andere rechtliche Vorgehensweisen denkbar und auch rechtlich zulässig.

Dieser privatschriftliche Kaufvertrag ist in vollem Umfang für beide Seiten verbindlich und lässt Pflichten und Rechte entstehen. Unseriöse Vermittler benutzen gerne den „Hinweis“, dass es sich noch nicht um einen endgültigen Vertrag handle, um unschlüssige Käufer zur vorschnellen Unterschrift zu bewegen. Eine Einladung des Vermittlers zu gutem Essen und vielen Getränken, zum Nachtisch dann den privatschriftliche Kaufvertrag zur Unterschrift, ohne vorherige Überprüfung aller Unterlagen, das sollten Sie vermeiden.

Vorkaufsrechte: Vertraglich oder gesetzlich

Jeder Eigentümer einer Immobilie kann mittels eines Vertrages einer anderen Person ein Vorkaufsrecht einräumen; es handelt sich dann um ein vertragliches Vorkaufsrecht. Diese privatschriftlichen Vorkaufsrechte sind aber in der Praxis weniger von Bedeutung. Von sehr viel größerer Bedeutung sind im Zusammenhang mit dem Kauf einer Immobilie die gesetzlichen Vorkaufsrechte.

Das Vorkaufsrecht des Mieters gilt es zu beachten, wenn Sie eine vermietete Immobilie kaufen wollen. Im Spanischen Bürgerlichen Gesetzbuch sind noch weitere Vorkaufsrechte geregelt. Miteigentümer und Miterben haben Vorkaufsrechte, ebenso grundsätzlich Nachbarn unmittelbar angrenzender ländlicher Grundstücke.

Wichtige Vertragsbestandteile

Folgende Vertragsbestandteile sind entweder notwendig dafür, dass überhaupt ein verbindlicher Vertrag zustande kommt, oder zumindest wichtig:

- genaue Bezeichnung der Vertragsparteien;
- genaue Bezeichnung des Vertragsgegenstandes: Lage, Größe, Registereintrag, Katasterdaten usw.;
- Höhe des Kaufpreises, Zahlungsmodalitäten; falls schon bezahlt oder Bezahlung bei Abschluss des Vertrages die Bestätigung des Verkäufers im Vertrag, dass bezahlt wurde;
- falls Verkäuferin oder Verkäufer verheiratet, eventuell Zustimmung oder Vollmacht des Ehegatten;
- Versicherung des Verkäufers, dass er alle Abgaben und Steuern bezahlt hat;
- Regelung darüber, wer Notarkosten und Wertzuwachssteuer – siehe dazu den Abschnitt Steuern – bezahlt;
- eventuelle Zusicherungen des Verkäufers hinsichtlich Beschaffenheit der Wohnung oder des Hauses in den Vertrag aufnehmen;
- Zusicherung des Verkäufers oder Hinweis darauf, ob die Immobilie leer steht oder – wovor zu warnen ist – vermietet ist.

Es handelt sich hierbei um sehr wichtige Punkte, aber auf keinen Fall um eine vollständige Aufzählung!

Vertragsformulare können als Anhaltspunkte für einen Kaufvertrag dienen, keinesfalls sollte aber ein Formular direkt übernommen werden, es sei denn, dass der sehr unwahrscheinliche Fall eintritt, dass das Vertragsformular auf den abzuschließenden Vertrag genau zugeschnitten sein sollte. Wichtig ist auch die Zusicherung mit Nachweisen, dass der Verkäufer mit der Bezahlung aller Abgaben und Steuern (z. B. Grundsteuer, für die der Käufer andernfalls haftet) auf dem Laufenden und das Immobilienobjekt frei ist von Belastungen, z. B. Hypotheken.

Zahlungsmodalitäten!

Die Zahlungsmodalitäten sind in Spanien eine sehr kritische Angelegenheit. Beim Abschluss eines Vorvertrages oder eines Optionsvertrages will der Verkäufer meist schon einen sehr hohen Betrag einkassieren, damit der Käufer mehr oder weniger gezwungen ist, dann auch noch den Notarvertrag abzuschließen und den Restbetrag zu bezahlen. Dies ist für den Käufer gefährlich, weil er für die Anzahlung normalerweise keine Absicherung erhält. Wer bei einem Kaufpreis von 300.000 Euro als Anzahlung 20 % ohne Sicherheit auf ein Konto des Verkäufers oder des Maklers zahlen soll, also 60.000 Euro, sollte sich vorher überlegen, ob er das wirklich riskieren will.

Falls keine Absicherung über ein wirkliches Treuhandkonto möglich ist, sollte die Höhe der Anzahlung heruntergehandelt werden. Im obigen Fall sollten auch zum Beispiel 25.000 Euro reichen, die das Schmerzensgeld für den Verkäufer wären, wenn der Käufer abspringen würde (so ist das meist im Vorvertrag geregelt).

Eventuell kommt auch in Frage, dass ohne einen Vorvertrag sofort ein Notarvertrag abgeschlossen wird.

Kaufoption

Wenn es einem Kaufinteressenten nur darauf ankommt, sich ein Grundstück zumindest vorläufig reservieren zu lassen, um zu vermeiden, dass es an einen anderen verkauft wird, dann muss er eben keinen privatschriftlichen Kaufvertrag abschließen, sondern sich schriftlich vom Verkäufer eine Option einräumen lassen; d. h. er lässt sich das Recht einräumen, das Grundstück zu bestimmten Konditionen erwerben zu können, hat aber nicht die Pflicht, das Grundstück kaufen zu müssen. Gleichzeitig sollte in einem solchen Vertrag aber auch vereinbart werden, dass der Verkäufer eine Vertragsstrafe in bestimmter Höhe zahlen muss, falls er das Grundstück dennoch anderweitig verkauft.

Auf den Inhalt kommt es an, nicht auf die Überschrift

Es ist also gerade in Spanien zu unterscheiden zwischen einem privatschriftlichen Kaufvertrag über eine Immobilie und einem privatschriftlichen Vorvertrag, aus dem sich das Recht, aber nicht die Pflicht des Käufers auf Erwerb der Immobilie ergibt. Wichtig: es kommt hinsichtlich der Rechte und Pflichten nicht entscheidend darauf an, wie die Bezeichnung des Vertrages lautet, sondern auf den Inhalt.

Foralrecht

In den Regionen Aragón, Balearen, Katalonien, Biscaya, Alava, Galicien und Navarra gelten noch Sonderrechte, die nicht unbedingt im Grundbuch eingetragen sein müssen. In der Praxis spielen sie keine merkliche Rolle. Vertraglich können Sie sich aber im Kaufvertrag zusichern lassen, dass keine derartigen Rechte bestehen. Noch besser ist es, wenn Sie sich ein Rücktrittsrecht für den Fall, dass ein derartiges Recht noch besteht, einräumen lassen.

2.11 „Escritura“, notarieller Kaufvertrag, und Eintragung im Eigentumsregister

Auch wenn ein Kaufinteressent fast kein Wort Spanisch spricht, ein Wort kennt er mit Sicherheit oder lernt es ziemlich schnell kennen, nämlich *escritura*. *Escritura* wird für „escritura pública“ benutzt und heißt übersetzt öffentliche Urkunde oder notarielle Urkunde.

Es gibt verschiedene notarielle Urkunden, wenn aber jemand die Bezeichnung *escritura* gebraucht, meint er meist den notariellen Kaufvertrag über eine Immobilie. Wie schon weiter oben dargestellt ist ein notarieller Kaufvertrag notwendig, damit Sie als Käufer im spanischen Eigentumsregister als neuer Eigentümer eingetragen werden können. Erst mit der Vorlage bzw. Eintragung sind sie vor Belastungen oder den Weiterverkauf durch den Verkäufer geschützt. Deshalb ist der Notarvertrag samt Eintragung für Sie als Käufer sehr wichtig.

Notar – *notario*

Sehr überspitzt formuliert könnte man sagen, dass ein spanischer Notar beurkundet und sonst gar nichts. Das ist für viele Deutsche überraschend, da sie Parallelen zum deutschen Notar ziehen, der nicht nur beurkundet sondern auch umfassend berät und den Immobilienerwerb abwickelt.

Zwar ist der spanische Notar laut Gesetz verpflichtet, Einsicht in das Eigentumsregister zu nehmen, wenn aber der Käufer auf die Grundbucheinsicht verzichtet, ist er dazu nicht verpflichtet. Sie sollten allerdings auf die Einsicht des Notars ins Register nicht verzichten.

Doch die Realität sieht meist anders aus. Oftmals ist die Zeit für die Einholung des Registerauszuges durch den Notar zu knapp, da der Kaufvertrag wegen des Käufers, der „noch heute" nach Hause fliegt, sofort beurkundet werden muss. In einem solchen Fall wird in den Vertrag ein Passus aufgenommen, dass aus Dringlichkeitsgründen der Notar den Registerauszug nicht eingeholt hat und die Vertragsparteien darauf verzichten.

Für den Notar und die Registereintragung sollten Sie zwischen 0,4–1 % des Kaufpreises an Gebühren einkalkulieren (*Consejo General del Notariado* – Notarkammer: www.notariado.org)

Übersetzer

Wenn der Käufer kein Spanisch versteht, bringt der Verkäufer oder Makler meist einen Übersetzer oder eine Übersetzerin für den Käufer mit. Versehentlich oder auch nicht „vergessen" die Übersetzer, auf diesen Passus „aus Dringlichkeitsgründen …" hinzuweisen. So haben mir dies schon verschiedene Verkäufer geschildert, die davon ausgegangen waren, dass der Notar das Register überprüft habe. Von dem im Vertrag erwähnten Verzicht wussten die Käufer nichts, der Übersetzer hatte nicht vollständig übersetzt.

Unterverbriefung im notariellen Kaufvertrag

Im Vergleich zum privatschriftlichen Kaufvertrag wird oftmals der Kaufpreis im notariellen Kaufvertrag niedriger angegeben als tatsächlich vereinbart, um Steuern und Abgaben zu sparen (Käufer und Verkäufer). Allerdings schaut die spanische

Finanzverwaltung zwischenzeitlich nicht mehr ganz so tatenlos zu, wie dies früher der Fall war. Lassen Sie sich diesbezüglich beraten. Falls Sie zu forsch vorgegangen sein sollten, dann ist eine sogenannte *complementaria*, also ein ergänzender Steuerbetrag zuzüglich Zuschläge zu bezahlen.

Vorlage des notariellen Kaufvertrages beim Eigentumsregister

Verständlicherweise wollen Sie als Käuferin oder Käufer vor einem eventuellen zweiten Verkauf des Grundstücks an eine andere Person oder vor einer Belastung mit einer Hypothek geschützt sein. Der Abschluss des notariellen Kaufvertrages bietet diese Sicherheit noch nicht – siehe oben, weshalb jeder Käufer auch nach Abschluss des notariellen Kaufvertrages sein Augenmerk darauf richten sollte, dass die *escritura* möglichst schnell beim Grundbuch vorgelegt bzw. vorweg benachrichtigt wird.

Der spanische Notar ist verpflichtet, noch am Tag der Beurkundung dem Eigentumsregister die Beurkundung des Kaufvertrages zu melden. Der Registerführer hat eine im folgenden Abschnitt erläuterte Art von Vorlagevermerk vorzunehmen.

Vorlagevermerk

Um den Käufer abzusichern, gibt es – ähnlich wie in Deutschland, aber dennoch mit großen Unterschieden – auch in Spanien eine Art „Vormerkung". Durch diesen Vorlagevermerk (*asiento de presentación*) wird der Eigentumserwerb des Käufers aber nur vorläufig geschützt, und zwar für eine Frist von 60 Tagen, die auf höchstens 180 Tage verlängert werden kann. Endgültige Sicherheit haben Sie also erst, wenn Sie im Grundbuch eingetragen sind. Sie müssen selbst für die Bezahlung der Steuern und die Vorlage der Urkunde beim Register sorgen oder eine vertrauenswürdige Person damit beauftragen.

Bezahlung und Herkunft der Mittel

Üblicherweise ist der Kaufpreis beim Notar direkt an den Verkäufer zu zahlen. Das ist nicht ohne jegliches Risiko. Leider ist eine treuhänderische Abwicklung wie in Deutschland über den Notar in Spanien nicht üblich. Wer aber jegliches Risiko ausschalten will, muss sich zusätzlich absichern, wobei natürlich der Verkäufer einverstanden sein muss.

Sie müssen beim Notar angeben und nachweisen, woher das Geld stammt bzw. wie bezahlt wird. Als Nachweis dienen die Zahlungsmittel, also Schecks oder Bargeld, wobei bei letzterem nachgewiesen werden muss, woher es stammt (beispielsweise Einfuhrnachweis bei Bargeld aus dem Ausland). Oder die Immobilie wird finanziert, dann dient der Darlehensvertrag als Nachweis.

2.12 Steuern für Käufer und Verkäufer

Spanische und deutsche Besteuerung?

Die Art der Kaufsteuer und auch die Steuersätze hängen beim Haus- und Wohnungskauf in Spanien davon ab, ob der Verkäufer privat oder gewerblich verkauft, ob das Objekt neu oder gebraucht ist und in welcher Autonomen Gemeinschaft Sie kaufen.

Es fallen an **„Grunderwerbsteuer“ oder Mehrwertsteuer**. Hinzu kommen noch die Kosten des **Notars** (sehr grob geschätzt circa 1 %) und des **„Grundbuches“** (orientiert sich am Kaufpreis, sehr grob geschätzt 500 Euro) und die **juristische Dokumentensteuer** (0,5–1,5 %), **zuzüglich eventueller Kosten** für **Übersetzer, Makler** und **Rechtsanwalt** (siehe dazu Kapitel 1).

Als ungefähre Hausnummer wird man – ohne Berücksichtigung eventuell anfallender Kosten für Übersetzer, Makler und Rechtsanwalt – bei Immobilien aus zweiter Hand von Privat mit ganz grob geschätzt 10 Prozent Erwerbskosten (Steuern, Notar, Grundbuch) nennen können mit größeren Abweichungen nach oben und unten je nach Autonomer Gemeinschaft. Zwar gibt es noch unterschiedliche steuerliche Vergünstigungen, z. B. bei Hauptwohnsitzen, von denen aber ausländische Käufer in der Regel nicht profitieren können.

Verkäufer

Für einen deutschen Verkäufer gilt die Regelung, dass ein Veräußerungsgewinn grundsätzlich in Spanien und in Deutschland zu versteuern ist und die in Spanien gezahlte Veräußerungsgewinnsteuer in Deutschland auf eine eventuell in Deutschland auf den spanischen Veräußerungsgewinn anfallende Einkommensteuer anteilig angerechnet werden darf. In Spanien gibt es bei der Versteuerung des Veräußerungsgewinnes noch die Besonderheiten der *3 %-Retención* bzw. des Rückbehaltes vom Kaufpreis und die gemeindliche Veräußerungsgewinnsteuer auf den Wertzuwachs auf Grund und Boden, alles weiter unten erläutert.

„Grunderwerbsteuer" – *ITP* oder *IGIC*

Bei Käufen von gebrauchten Wohnobjekten von Privat – *viviendas de segunda mano* – fällt „Grunderwerbsteuer“ an, in Spanien als *Impuesto sobre transmisiones patrimoniales* (Vermögensübertragungssteuer) bezeichnet, abgekürzt *ITP*. Sie beträgt je nach Autonomer Gemeinschaft zwischen 6 und 11 %. Auf den Kanarischen Inseln (Sonderstatus) sind statt der „Grunderwerbsteuer“ oder Mehrwertsteuer generell 6,5 % Erwerbsteuer (*IGIC – Impuesto General Indirecto Canario*) zu bezahlen. Madrid ist mit dem allgemeinen *ITP*-Steuersatz von 6 % sehr günstig. Auf den Balearen gibt es gestaffelte Sätze. Für den Kaufpreisbetrag, der über eine Million Euro hinausgeht, kommt ein Steuersatz von 11 % zur Anwendung.

Zur Bezahlung der Grunderwerbsteuer werden Sie nicht aufgefordert, vielmehr müssen Sie sich selber veranlagen (*autoliquidación*), indem Sie den Steuerbetrag beim Finanzamt innerhalb von dreißig Tagen einbezahlen bzw. einzahlen lassen. Die Bezahlung sollte auch unabhängig von der vorgeschriebenen Frist von dreißig Tagen möglichst bald erfolgen, da die Quittung darüber auch Voraussetzung für die endgültige Eintragung ins „Grundbuch" ist.

Mehrwertsteuer – *IVA*

Beim Kauf eines neuen Hauses oder einer neuen Wohnung von einem Bauunternehmer fällt keine „Grunderwerbsteuer", sondern Mehrwertsteuer an. Die Mehrwertsteuer (*impuesto sobre el valor añadido*), abgekürzt *IVA*, beträgt beim erstmaligen Verkauf von neuen Eigentumswohnungen und Häusern 10 %, bei Sozialwohnungen 4 %, auf den Kanarischen Inseln die schon erwähnten 6,5 %. Die Mehrwertsteuer zahlen Sie an den spanischen Unternehmer. Dieser muss die Steuer an den spanischen Fiskus abführen. Wenn Sie mit einem Bauunternehmer verhandeln, achten Sie darauf, ob er die genannten Preise brutto oder netto versteht, damit auch Ihre Kalkulation nicht zu niedrig angesetzt ist.

Juristische Dokumentensteuer – *AJD*

Neben der „Grunderwerbsteuer", der *IGIC* auf den Kanarischen Inseln oder der Mehrwertsteuer fällt noch die juristische Dokumentensteuer – *AJD* (*Impuesto de Actos Jurídicos Documentados*) – an (Steuersätze sind in den Autonomen Gemeinschaften unterschiedlich hoch, und zwar zwischen 0,5 und 1,5 % des Kaufpreises).

Steuern auf den Veräußerungsgewinn

Für einen deutschen Verkäufer gilt wie schon oben erwähnt die Regelung, dass der Veräußerungsgewinn grundsätzlich in Spanien (Einkommensteuer und Wertzuwachssteuer) und in Deutschland (Einkommensteuer) zu versteuern ist.

In Deutschland fällt keine Einkommensteuer an, wenn die Immobilie eigengenutzt wurde. Aber auch wenn sie vor dem Verkauf vermietet war, ist der Veräußerungsgewinn nach zehn Jahren in Deutschland steuerfrei.

Eine eventuell in Spanien gezahlte Einkommensteuer auf den Veräußerungsgewinn darf in Deutschland auf eine eventuell in Deutschland auf den spanischen Veräußerungsgewinn anfallende Einkommensteuer anteilig angerechnet werden, nicht aber eine eventuell bezahlte gemeindliche Veräußerungsgewinnsteuer.

Spanische Einkommensteuer für nichtresidente Verkäufer

In Spanien fällt für nichtresidente Verkäufer aus der EU 19 % Einkommensteuer und die gemeindliche Wertzuwachssteuer auf Grund und Boden an (siehe weiter unten).

Wichtig und zur Klarstellung: die weiter unten erläuterte 3 %-Pauschale berechnet sich vom Kaufpreis, die 19 % dagegen berechnen sich vom zu ermittelnden Veräußerungsgewinn, der leider nicht einfach zu berechnen ist. Der Erwerbswert setzt sich aus dem Kaufpreis samt Kaufnebenkosten zusammen. Je nach Erwerbsjahr wird dieser Wert um bestimmte Aktualisierungskoeffizienten korrigiert. Investitionen sind grundsätzlich abzugsfähig (mit Nachweis). Für Grundstücke, die vor dem 31.12.1994 erworben wurden, kommt eine Übergangsregelung zum Tragen.

Für die Berechnung des zu versteuernden Veräußerungsgewinns samt eventuellem Antrag auf Rückerstattung der 3 %-Pauschale oder eines Teilbetrages davon sollten Sie sich steuerlich beraten lassen.

Wertzuwachssteuer – *„plusvalía"*

Diese umstrittene gemeindliche Wertzuwachssteuer (*impuesto sobre el incremento del valor de los terrenos de naturaleza urbana*) besteuert „nur" den Wertzuwachs von Grund und Boden. Deshalb lässt sich auch generell sagen, dass beim Kauf eines Apartments oder einer Eigentumswohnung in einem großen Apartmenthaus die Wertzuwachssteuer relativ gering ausfallen wird, weil der dem Eigentümer zuzurechnende Anteil am Grundstück der Eigentümergemeinschaft im Normalfall sehr klein sein dürfte, da ja das Grundstück anteilig auf die Zahl der Wohnungseigentümer aufgeteilt wird. Verkauft dagegen jemand ein großes Grundstück, das einen hohen Wertzuwachs aufweist, so fällt die Wertzuwachssteuer verhältnismäßig hoch aus. Im Einzelfall muss man sehr genau hinschauen, damit vom Finanzamt nicht ein auf steuerlichen Werten basierender fiktiver Wertzuwachs berechnet wird, obwohl tatsächlich ein Verlust zu verzeichnen ist. Bis zu 30 % können die Gemeinden als Steuersatz festlegen.

Das spanische Gesetz sieht vor, dass der Verkäufer die Wertzuwachssteuer bezahlen muss. Handelt es sich beim Verkäufer um einen nicht ansässigen Ausländer, haftet der Käufer für diese Steuer.

Retención bzw. Rückbehalt: Damit das Finanzamt nicht leer ausgeht

In der Praxis läuft es meist so, dass nur der im folgenden erläuterte Rückbehalt bzw. die Vorauszahlung von 3 % auf den Verkaufspreis an das Finanzamt gezahlt wird und der Verkäufer weder eine Einkommensteuererklärung abgibt noch einen eventuell anfallenden Restbetrag in Bezug auf die eigentlich zu bezahlenden 19 % bezahlt.

Falls aber der Gewinn sehr niedrig ausfällt, ist es gut denkbar, dass dieser Abschlag von 3 % zu hoch ausfällt und dann eben ein Erstattungsantrag gestellt werden muss, falls man den zu viel bezahlten Betrag zurückbekommen will.

Zur Erläuterung: Oftmals hatte das Finanzamt in der Vergangenheit das Nachsehen, da der ausländische Verkäufer nach dem Verkauf seiner Immobilie die Veräußerungsgewinnsteuer nicht bezahlte und auch nicht mehr in Spanien auftauchte und natürlich auch keine Vermögenswerte mehr in Spanien hatte, auf die das Finanzamt hätte zugreifen können. Deshalb wurde für in Spanien nicht ansässige Verkäufer diese Regelung eingeführt, dass nunmehr der Käufer, der mit dieser Veräußerungsgewinnsteuer eigentlich nichts zu tun hat, 3 % des im notariellen Kaufvertrag genannten Kaufpreises pauschal einbehalten und an das Finanzamt abführen muss.

Der Käufer wird also zum Steuereintreiber des spanischen Finanzamtes gemacht. Wenn der Käufer diese 3 % nicht einbehält, so haftet der Käufer dafür. Der Notar kümmert sich im Übrigen darum, dass dies im Notarvertrag festgehalten wird. Ergibt sich aber tatsächlich eine geringere Steuerschuld als diese 3 % auf den Verkaufspreis, so erhält der Verkäufer den Differenzbetrag vom spanischen Finanzamt zurück, wenn er eine Steuererklärung abgibt. Gibt der Verkäufer keine Einkommensteuererklärung ab, so behält das spanische Finanzamt die 3 % und kümmert sich in aller Regel nicht darum, dass der Verkäufer noch eine diesbezügliche Einkommensteuererklärung abgibt und eine sich noch eventuell ergebende Steuerschuld nachträglich bezahlt, zumindest bei Ausländern.

2.13 Eine spanische GmbH oder eine andere Gesellschaft für die Immobilie?

Was ist legal, was ist illegal?

Was liegt im ersten Augenblick näher, als die Immobilie über eine spanische GmbH – *sociedad limitada* (*S.L.*) – oder Briefkastenfirma zu kaufen und im Erbschaftsfalle oder bei einem Verkauf nicht die Immobilie selbst, sondern die Anteile an der Gesellschaft, die diese Immobilie hält, zu vererben bzw. heimlich zu übertragen und – wenn auch nicht rechtmäßig – keine Steuern zu bezahlen.

Manchmal hatte man den Eindruck, dass eine spanische GmbH aus Gründen der Mandatsbeschaffung empfohlen wurde. Ob Sie auch profitieren, sollten sie sich jedenfalls genau erläutern lassen, insbesondere in steuerlicher Hinsicht betreffend Spanien und Deutschland, und insbesondere genau nachfragen, ob der jeweils genannte Steuervorteil legal ist oder nicht. Erst dann haben Sie eine gute Grundlage, für Ihre Angelegenheit die richtige Entscheidung zu treffen. Und lassen Sie sich die steuerlichen Aussagen schriftlich geben, insbesondere auch eventuelle Behauptungen, dass außer den aufgeführten Steuern keinerlei weitere Steuern anfallen, weder in Deutschland noch in Spanien, und alles legal und völlig unstreitig steuerfrei sei…

Bundesfinanzhof: Kostenlose Nutzung steuerpflichtig

Für Gesellschafter und Nutzer einer S.L.-Immobilie wurde ein Urteil des Bundesfinanzhofes – I R 109-111/10 – zu einem teuren Desaster und führte allgemein dazu, dass die Zwischenschaltung einer Gesellschaft in aller Regel nicht mehr in Frage kommt. Denn der Bundefinanzhof stellt fest, dass die unentgeltliche Nutzung der in Spanien belegenen Ferienimmobilie einer spanischen Kapitalgesellschaft in der Rechtsform einer *Sociedad Limitada* durch deren in Deutschland ansässige Gesellschafter bei den Gesellschaftern als verdeckte Gewinnausschüttung – vGA – in Gestalt der verhinderten Vermögensmehrung behandelt werden kann (juristisch formuliert).

Wird eine vGA aufgedeckt, führt dies zu den steuerlichen Konsequenzen auf zwei Ebenen: der zu versteuernde Gewinn der Gesellschaft erhöht sich entsprechend, und auf Gesellschafterebene fallen Einkünfte aus Kapitalvermögen an.

„Teures Gestaltungsmodell"

In einer Pressemitteilung sprach der Bundesfinanzhof das Thema Immobilieneigentum mittels Gesellschaftszwischenschaltung sehr konkret an. Deshalb seien die Ausführungen wörtlich zitiert:

> *„Es entspricht wohl gängiger Praxis und Empfehlung einschlägiger Verkehrskreise, beim Ankauf einer spanischen Ferienimmobilie eine spanische Kapitalgesellschaft zu errichten und als Eigentümerin der Immobilie „vorzuschalten", vorzugsweise, um spanische Wertzuwachs- und Erbschaftssteuern zu ‚ersparen', aber auch aus Gründen der Haftungsbeschränkung sowie der Anonymität. Dieses Gestaltungsmodell kann jedoch in Deutschland „teuer" werden, weil für die Immobiliennutzung meistens keine oder keine marktübliche Miete gezahlt wird und der Mietverzicht dann eine verdeckte Gewinnausschüttung der Gesellschaft an ihre Gesellschafter darstellt. Die Gesellschaft verzichtet nämlich in aller Regel nur aus Gründen des gesellschaftlichen Näheverhältnisses auf eine entsprechende „Vermögensmehrung".*

Die Konsequenz aus diesem Urteil des Bundesfinanzhofes ist ja, dass nunmehr all diejenigen, die eigentlich Steuern sparen wollten, ob legal oder illegal, die kostenlose Nutzung der Immobilie versteuern müssen im Gegensatz zu denjenigen, die einfach auf den eigenen Namen direkt gekauft haben und die Nutzung der spanischen Immobilie in Deutschland nicht versteuern müssen. Denn die Eigennutzung einer Wohnimmobilie ist gemäß deutschem Steuerrecht steuerfrei, wenn man denn direkt Eigentümer ist.

Erstaunlich ist, dass die deutschen Steuerbehörden nicht schon viel früher gegen dieses „Gestaltungsmodell" vorgegangen sind, obwohl es ja bekannt war und öffentlich von Rechtsanwälten und Steuerberatern beworben wurde, diese Zwischenschaltung einer spanischen SL.

Sonstige Nachteile

Im Vergleich zur Vorauflage sind die jetzigen Ausführungen zum Thema Zwischenschaltung einer Gesellschaft sehr viel kürzer, weil dieses „Gestaltungsmodell“ praktisch ausgedient hat. In Ausnahmefällen mag es tatsächlich noch einer Überlegung wert sein. Aber auch dann sollte man auf die schon früher bestehenden Nachteile achten.

Die Gründung einer SL ist zwar rechtlich verhältnismäßig einfach. Sie haben aber Gründungskosten, für Ausländer wird die Einschaltung eines sachkundigen Rechtsanwaltes oder Steuerberaters notwendig sein, für die Beurkundung der Gründung und der Satzung fallen Notarkosten an. Während der Existenz der SL sind gewisse steuerliche und sonstige Pflichten (u. a. Bilanzierung) zu erfüllen. Ein potentieller Kaufinteressent im Falle des Weiterverkaufs wird keinesfalls sofort zugreifen, wenn ihm eine Immobilie mittels Kauf von S.L.-Anteilen angeboten wird. Es könnte ja sein, dass zwar dieser GmbH das Grundstück gehört, die GmbH könnte aber Schulden haben, was nichts anderes bedeuten würde, als dass die Gläubiger der GmbH auf das Grundstück Zugriff nehmen könnten, wenn die GmbH ihre Schulden nicht bezahlt.

Im Erbschaftsfall erhält der Erbe die Anteile an der Gesellschaft und damit auch indirekt die Immobilie. Die Anteile an der Gesellschaft unterliegen der Erbschaftsteuer. Wenn nun der Anfall der Erbschaft dem spanischen und dem deutschen Finanzamt nicht gemeldet wird, mag er darauf hoffen, dass die betreffenden Finanzämter davon nichts. Dies mag vielleicht funktionieren, ist aber schlichtweg eine Steuerhinterziehung. Abgesehen davon stellt sich die erbschaftsteuerliche Situation insbesondere von Ehegatten und Kindern oftmals viel günstiger dar als von vielen Besitzern befürchtet.

Wer eine Ferienimmobilie besitzt, direkt oder über eine Gesellschaft, muss dies im Rahmen eines „Offenbarungseides“ in Deutschland angeben. Wer in einer Ferienimmobilie regelmäßig Urlaub macht, wird kaum jemandem plausibel machen können, dass die Gesellschaftsanteile jemandem anderen gehören.

Ausländische Gmbh-Anteile usw. sind ab einer gewissen prozentualen Beteiligung oder bei einem Wert von mehr als 150.000 Euro gemäß § 138 Abs. 2 Abgabenordnung beim deutschen Finanzamt zu melden.

3 Bauen, Sanieren und Renovieren

3.1 Viele Fallstricke

Es gibt mehrere Gründe, weshalb das Bauen in Spanien nicht besonders empfehlenswert und der Kauf eines schon fertiggestellten oder gebrauchten Objekts in der Regel die einfachere Vorgehensweise ist. Dabei handelt es sich nicht etwa nur um spezifisch spanische Aspekte, sondern ebenso um Aspekte, die auch aus Deutschland bekannt sind, und durch die spezielle Situation eines Bauherren, der im Ausland sitzt und nicht die notwendigen Sprachkenntnisse besitzt, zusätzlich erschwert wird.

Ergänzend zu diesem Kapitel sei noch zu diesem Thema auch auf Kapitel 2 hingewiesen, über die Verbauung der Küste, Schwarzbauten usw.

Ob kleinere oder größere Baumaßnahmen, ganz entscheidend wird für das Gelingen sein, dass kompetente, zuverlässige und vertrauenswürdige Fachleute gefunden werden. Dafür sollte man sich viel Zeit nehmen.

Mit Bauträgern, Architekten, Handwerkern und Banken auf Augenhöhe?

Ausländische Bauherren haben in aller Regel nicht die Möglichkeit, regelmäßig auf der Baustelle nach dem Rechten zu schauen. Dies wäre aber zumindest sinnvoll, wenn nicht gar notwendig, da Mängel möglichst frühzeitig erkannt werden sollten, abgesehen davon, dass diese nach der Fertigstellung unter Umständen gar nicht mehr sichtbar sind. Und auch vom Baufortschritt sollte man sich persönlich in kurzen Zeitabständen überzeugen oder zumindest erkennen können, ob das Bauvorhaben planmäßig fortschreitet.

Kompetente, zuverlässige und vertrauenswürdige Fachleute zu finden, ist wirklich schwierig, Verständigungsschwierigkeiten sind vorprogrammiert, wenn der Bauherr nur Deutsch und der Baufachmann vor Ort nur Spanisch spricht. Deutschsprachiges Personal, ob Architekt, Handwerker usw., ist aber auch keine automatische Garantie, dass alles gut geht, diese Erfahrung bringt mancher Bauherr schon aus Deutschland mit.

Wer aber wirklich kompetente, zuverlässige und vertrauenswürdige Fachleute kennt oder findet, der kann bedenkenlos loslegen. Aber auch nur dann…

Mängel und verspätete Fertigstellung

Woher will der ausländische Bauherr auch nur rudimentäre Kenntnisse des spanischen privaten und öffentlichen Baurechtes haben und über praktische Gepflogenheiten vor Ort?

Er kann sich natürlich informieren, wer aber nimmt sich diese Zeit?

Meist ist der Bauherr in Bezug auf die Beseitigung von Mängeln in einer schwachen Position. Der allergrößte Teil des Kaufpreises ist schon bezahlt, die Baufirma oder der Bauträger ist nicht mehr motiviert, die Mängel zu beseitigen, auch wenn die Mängel offensichtlich sind. Oder aber die Mängel werden bestritten, dann stellt sich die Frage, ob gerichtlich vorgegangen werden soll. Spätestens dann merkt der Bauherr, dass es einen großen Unterschied ausmacht, Recht zu haben und Recht zu bekommen und dann auch noch eventuell auch an das Geld zu kommen, das er sich eventuell erstritten hat, und wie teuer und langwierig ein Bauprozess werden kann, falls ein Prozess überhaupt in Frage kommen sollte.

In der Boomzeit des spanischen Wohnungsmarktes kam noch hinzu, dass die Fertigstellungstermine noch seltener eingehalten wurden und sich Bauträger und Bauleute vieles erlaubten, weil viele Bauherren hilflos sind und sie von den Bauträgern oder Baufirmen vorformulierte und nur als kundenfeindlich zu bezeichnende Verträge abgeschlossen hatten.

Die oftmals von der Baubranche vorgebrachte Entschuldigung, in jeder Branche gebe es schwarze Schafe, mag zutreffen, aber die Zahl dieser schwarzen Schafe ist in der Baubranche besonders hoch. Vor lauter schwarzen Schafen sieht man die wenigen weißen Schafe eher selten. Das mag sich im Zuge der Immobilienkrise gebessert haben, weil viele Unternehmen und Makler vom Markt verschwunden sind. Aber es vermehren sich die Zeichen, dass dieser herrschende „Wahnsinn" vor der Immobilienkrise wieder auflebt und dies natürlich auch wieder verstärkt negative Auswirkungen auf das Angebot, die Bauausführung und Fertigstellungstermine haben wird.

„Deutsche Bauqualität ist unser Geschäftsprinzip"

Mit dieser Werbung soll deutschen Kaufinteressenten suggeriert werden, dass die angebotenen Immobilien deutschen Qualitätsansprüchen genügen. So weit, so gut. Letztendlich ist aber die Qualität nicht eine Frage des „spanischen" oder „deutschen" Niveaus, sondern eine Frage der Arbeitsqualität und der Kosten des konkreten Objektes. Gute Qualität hat ihren Preis, sowohl in Deutschland als auch in Spanien.

Wer gerade in Spanien eine möglichst billige Immobilie kaufen will oder muss, weil er nicht mehr Geld ausgeben kann oder will, muss dann eben auch Qualitätsabstriche machen. Abgesehen davon bedeutet diese Werbung natürlich nicht, dass nach deutschen Baunormen gebaut wird. Nur wenn diese im Vertrag ausdrücklich vereinbart sind und den spanischen Vorschriften nicht widersprechen, kann sich der Bauherr darauf berufen. Und generell gilt, dass eine detaillierte Baubeschreibung den Bauleuten und Bauträgern weniger Ausredemöglichkeiten bieten.

Vertragspartner, Referenzen und Auskünfte

Wer sich über die Bonität und Leistungsbereitschaft der Baufirma oder des Bauträgers informieren will, lässt sich Referenzadressen geben, fordert eine Bankauskunft an und fragt auch an, wie lange das Unternehmen schon tätig ist. Je länger das Unternehmen am Markt ist, umso eher besteht die Gewissheit, dass das Unternehmen nicht von heute auf morgen vom Markt verschwindet. Allein diese Überprüfung kostet einige Zeit.

Schauen Sie genau nach, wer der eigentliche Vertragspartner ist. Ist es tatsächlich die alteingesessene Firma xy oder ist es eine andere Firma mit einem ähnlichen Namen, aber neu gegründet und mit sehr wenig Eigenkapital?

Fehlende Infrastruktur, Baustrom und Bauwasser

Eine andere Art Geld zu verdienen besteht darin, Urbanisationen (siehe dazu auch das Kapitel 5) ohne die von den Käufern mitbezahlte Infrastruktur den Käufern zu überlassen, die deshalb weder ein noch aus wissen und auf die Gemeinden hoffen, in denen aber gerade diejenigen Politiker an der Macht sind, die dies alles geduldet oder gar gefördert haben. Diese Politiker bzw. die Gemeindeverwaltung wird dann in aller Regel darauf hinweisen, dass dafür kein Geld vorhanden ist. Und die Käufer müssen dann meist die Infrastruktur ein zweites Mal bezahlen.

Den Stromversorgern wäre es möglich, den Baustrom abzustellen, da nicht mehr gebaut wird, und den regulären Strom müssen sie nicht liefern, weil die Eigentümer natürlich keine Bewohnbarkeitsbescheinigung haben. Zwar wird dann meist auch weiterhin „Baustrom" geliefert, aber ohne legale Grundlage. Und wenn es ganz schlimm kommt: dann hat der Käufer keine Eintragung im Grundbuch, der Bauträger steht noch drin, ein Gläubiger des Bauträgers kann deshalb pfänden und vollstrecken. Die Konsequenz: der Käufer zahlt noch einmal, und zwar nicht nur für die Infrastruktur, sondern für die gesamte Immobilie, um die Immobilie behalten zu können.

Musterhaus

Wenn Ihnen ein Musterhaus gezeigt wird, sollten Sie die Bauausführung dieses Musterhauses mit der geplanten Bauausführung für Ihr Haus vergleichen. Nicht von ungefähr werden Musterhäuser oftmals besser ausgestattet als die angebotenen Häuser laut Prospekt.

Gibt es die besonders gute Ausstattung des Musterhauses nur gegen zusätzliches Geld und merkt man dies erst nach der Unterschrift, ist es zu spät.

3.2 Kundenfeindliche Verträge

Gewisse Sicherheit nur durch umfassende Bankbürgschaft

Auch derjenige, der einen Neubau schlüsselfertig erwirbt, hat – abgesehen von der Frage der laufenden Qualitätskontrolle – grundsätzlich das Risiko, schon geleistete Anzahlungen zu verlieren, falls die Zahlungen während der Bauphase nicht abgesichert sind. Ob die Baufirma nun vorsätzlich oder zufällig pleite oder insolvent geht, hilft dem Bauherrn nicht weiter, sein Geld ist in solchen Fällen verloren.

In Spanien gibt es als Sicherheit für die Bauherren – so ist dies zumindest vorgesehen – das sogenannte Avalgesetz 57/1968 (*Ley que regula la percepción de cantidadesanticipadas en la construcción y venta de viviendas*), wonach die vom Bauherren geleisteten Anzahlungen bis zur endgültigen Fertigstellung durch eine Bankgarantie (*aval bancario*) oder eine Versicherungspolice abgesichert werden müssen. Zu beachten ist, dass sich diese Garantie nur auf die Anzahlung für die Bauarbeiten und nicht auf die Sicherung des Kaufpreises für das Grundstück bezieht. Bürgschaft gemäß Avalgesetz bedeutet auch keine umfassende Bürgschaft für alle vertraglichen Risiken, da gilt es genau hinzuschauen. Aber auch für den Fall, dass eine Bankbürgschaft vorliegt, kann es schlussendlich immer noch sehr lange dauern oder es kann mit Schwierigkeiten verbunden sein, die Bank in Anspruch zu nehmen, da niemand – auch die Bank nicht – gern zahlt.

Und es gilt auf den Inhalt und Umfang der Bürgschaft zu achten. Bürgschaft ist nicht gleich Bürgschaft. Teilweise werden von Unternehmen Bürgschaften angeboten, die vom Umfang her den Bauherr gerade nicht umfassend absichern und mehr die Funktion der Augenwischerei haben und auch nicht ansatzweise der gesetzlich vorgeschriebenen Bürgschaft entsprechen. Wer also eine Bürgschaft überreicht bekommt, sollte zuerst mal Inhalt und Umfang prüfen (lassen).

Tipps

Der *Promotor* muss diese Bürgschaft gegenüber der Öffentlichkeit und den Behörden vorzeigen können. Erst wenn Sie diese vorliegen haben, sollten Sie überweisen. Unabhängig davon sollten Sie auch einen gewissen Rückbehalt für eine eventuell notwendige Mängelbeseitigung und eine Vertragsstrafe für den Fall einer verspäteten Fertigstellung vereinbaren.

Zahlungsmodalitäten

Die Baufirma sollte nicht schon vor Beginn der Bauarbeiten dreißig oder vierzig Prozent der Bausumme kassieren, da dieser hohe Betrag die Baufirma schon satt machen und der Baubeginn hinausgeschoben werden könnte. Sie müssen auch darauf achten, dass Ihnen nicht – wie in vielen Verträgen – Zahlungen ohne

Berücksichtigung des Baufortschritts aufs Auge gedrückt werden. Oftmals werden Zahlungsfristen ohne jegliche Bindung an den Baufortschritt akzeptiert, ohne jegliche Absicherung und hohe Anzahlungen von zig Prozent, ohne dass die Baufirma einen Spatenstich gemacht haben muss. Ein solches Vertragsformular gehört sofort in den Papierkorb. Lassen Sie sich nicht damit abspeisen, das sei in Spanien so üblich.

Kauf einer Grundstücksparzelle mit anschließendem Neubau

Wenn Sie mit einem privatschriftlichen Kaufvertrag Grundstücksparzelle und einen noch nicht erstellten Neubau erwerben, sollten Sie das Grundstück vorneweg nur dann bezahlen, wenn Sie auch sofort als Eigentümer im spanischen Eigentumsregister eingetragen werden. Nur auf diese Weise sind Ihre Eigentumsrechte abgesichert, wobei für die Eintragung die notarielle Beurkundung des Grundstückskaufs notwendig ist. Oder Sie erhalten eine andere wasserdichte Absicherung oder zahlen die Parzelle erst beim Notar.

Baufortschritt, Fertigstellungstermine und Vertragsstrafen

Fertigstellungstermine ohne angemessene Vertragsstrafen für den Fall, dass der Termin nicht eingehalten wird, können Sie – etwas flapsig formuliert – „vergessen“. In einem solchen Fall ist eine verspätete Fertigstellung schon fast zwangsläufig.

Es ist immer wieder erstaunlich, dass viele Bauherren gutgläubig sind und nicht auf die Idee kommen, eine – möglichst hohe – Vertragsstrafe zu vereinbaren oder von einem Vertrag Abstand zu nehmen, wenn dieser nicht zugestimmt wird.

Nicht von ungefähr wird oftmals die Fertigstellung auf das späte Frühjahr versprochen. Das hört der Käufer und Bauherr gerne, denn er will seine Immobilie in den Sommermonaten erstmals nutzen, die Vorfreude ist schon sehr groß. Dann gibt es Verzögerungen von einigen Monaten, und der stolze Bauherr kann die Immobilie nicht nutzen und verliert praktisch gesehen ein ganzes Jahr.

Mängelbeseitigung?

Entweder werden die Mängel nicht beseitigt oder gar bestritten, dass es überhaupt Mängel gibt. Und wenn im Vertrag keinerlei Rückbehalt des Kaufpreises von beispielsweise 5 Prozent für einen Zeitraum von sechs Monaten nach Fertigstellung vereinbart ist, sollte sich niemand wundern, dass der Vertragspartner, ob Bauträger oder Handwerker, nicht motiviert ist, tätig zu werden.

Materialien und Sonderwünsche

Es muss vorneweg feststehen, was genau der Unternehmer machen soll, welche Materialien (genaue Beschreibung und Produktbezeichnung, Menge) zu verwenden sind und was dies alles kostet. Je ungenauer der Auftrag ist, umso eher hat der

Bauunternehmer die Möglichkeit, zusätzliche Kosten in Rechnung zu stellen, da der ursprüngliche Auftrag diese Arbeiten nach seiner Meinung nicht umfasst hat.

Auch müssen die verwendeten Materialien, Einbauten und Einbaugeräte möglichst genau definiert sein, damit der Bauunternehmer nicht die Möglichkeit erhält, Materialien minderer Qualität zu verwenden oder nachträglich für angeblich teurere Materialien einen Nachschlag zu verlangen. Sonderwünsche vor Abschluss des Kaufvertrages werden schon teuer, noch teurer wird es aber, wenn der Vertrag schon unterschrieben ist.

Baugenehmigung, Quadratmeterangaben und Festpreis

Zumindest bei einem Reihenhaus in einer Urbanisation, das von der Stange gekauft wird, sollten Sie auf einen Festpreis bestehen.

Eine ganz andere Frage ist, wie die Quadratmeter-Angaben errechnet worden sind. Klären Sie dies vorher ab und lassen Sie sich dies im Vertrag festschreiben, wenn es Unklarheiten gegeben hat. Eigentlich sollten im Vertrag genaue Angaben über den Anbieter und das Projekt gemacht und umfassende Pläne und Genehmigungen vorgelegt werden. Leider ist aber in vielen Verträgen von der baurechtlichen Zulässigkeit der Bebauung nicht die Rede und Nachweise fehlen. Der Käufer wird im Unklaren darüber gelassen, in welchem Stadium sich das Genehmigungsverfahren befindet. Auf Nachfrage wird ihm eventuell nur ausweichend beantwortet, dass die Baugenehmigung kein Problem darstelle (in dieser Hinsicht sind deutsche Bauherren leider besonders duldsam).

Wenn es um die Bebauung einer einzelnen Parzelle gemäß den Wünschen des zukünftigen Bauherren geht, ist verständlich, dass erst mal die Vorstellungen des Bauherren bekannt sein müssen, damit überprüft werden kann, ob diese Vorstellungen baurechtlich realisierbar sind und zu welchen Kosten. Wenn es aber um ein typisches Objekt von der Stange – Beispiel: 20 Reihenhäuser in identischer Größe und Bauausführung – handelt, sollte die Baugenehmigung selbstverständlich vorliegen.

Damit regulärer Strom fließt …

Bekanntermaßen wird mit Baustrom die elektrische Energie bezeichnet, die man für die Bauphase benötigt. Abgezapft wird der Strom beim nächstgelegenen Anschlusspunkt des Stromnetzes. Wer die Immobilie durch einen Bauträger fertigstellen lässt, muss sich um diesen Baustrom nicht kümmern. Aber wenn die Immobilie fertiggestellt ist, was dann? Dann erfolgt ja die Übergabe der Immobilie, so weit, so gut. Und wenn dann der stolze Bauherr noch feststellt, dass Strom fließt, könnte er auf die Idee kommen, dass alles seine Ordnung hat.

Die oft sehr unangenehmere Fortsetzung der Geschichte besteht aber darin, dass es sich meist noch um Baustrom handelt und nicht um regulären Strom. Ein rechtlicher Anspruch auf Bezug von Baustrom nach Fertigstellung des Objektes besteht aber nicht, auch wenn der Strom nach der Fertigstellung zumindest noch vorübergehend weiterfließen mag. Deshalb sollte sich ein Bauherr umgehend um einen regulären Stromanschluss kümmern.

Meist fehlen aber für letzteren die dafür notwendigen Unterlagen, die eigentlich vom Bauträger bereitgestellt werden sollten, nämlich Erstbezugs- und Elektroinstallationsbescheinigung. So ist es in Spanien durchaus nicht ungewöhnlich, dass neue Besitzer monatelang oder noch länger mit Baustrom leben müssen. Und mancher Besitzer weiß dies nicht einmal. Wer also schon eine Immobilie besitzt und in dieser Frage unsicher ist, sollte nachfragen. Bekommt ein Immobilienbesitzer keine übliche Stromabrechnung, spricht dies dafür, dass er nur Baustrom hat. Dann sollte er sich umgehend mit dem Bauträger in Verbindung setzen. Allerdings: wenn die notwendigen Unterlagen fehlen und sich der Bauträger nicht in der Lage sieht, diese besorgen zu können oder diese nicht besorgen will, weil er sich dazu im Vertrag nicht verpflichtet hat, dann geht die Arbeit für den Besitzer erst richtig los, nämlich zuerst mal' diese Unterlagen zu besorgen …

3.3 An-, Um- oder Ausbau: Der Kostenvoranschlag – *Presupuesto* – des Handwerkers

Auch bei solchen Arbeiten gilt es auf die genaue Beschreibung der Materialien und Einbaugeräte zu achten. Grundsätzlich empfiehlt sich ein schriftlicher Kostenvoranschlag – *presupuesto por escrito*, um nicht später eine überteuerte Rechnung präsentiert zu bekommen. Wird der Kostenvoranschlag von beiden Seiten akzeptiert und vereinbart, spricht man von einem *presupuesto cerrado*. Es ist am besten, wenn beide Parteien den Kostenvoranschlag unterschreiben, um später die eventuell vorgebrachte Behauptung widerlegen zu können, dass der Kostenvoranschlag gar nicht Grundlage der Arbeiten sein sollte.

Tipp

Oftmals wird die Mehrwertsteuer, die sogenannte IVA, nicht ausgerechnet und nur im Kleingedruckten erwähnt. Fragen Sie nach der konkreten Höhe der Mehrwertsteuer, es kommen unterschiedliche MwSt-Sätze zur Anwendung.

Löhne von Handwerkern nicht festgeschrieben

Der Preis für die durchzuführenden Arbeiten ist Verhandlungssache. Wer aber sehr schnell einen Handwerker braucht, hat keine Möglichkeit, zuerst verschiedene Kostenvoranschläge einzuholen. Da wird man unter Umständen schon froh sein müssen, dass ein Handwerker überhaupt auf die Schnelle kommt. Anstatt Stundenlöhne sollte man einen Gesamtbetrag für den Auftrag vereinbaren, so dass der Handwerker keinen Anlass hat, sich viel Zeit zu lassen. Preistreibend sind regelmäßig nachträgliche Änderungswünsche, weshalb sich ein Auftraggeber vorneweg gut überlegen sollte, ob der Auftrag auch alle gewünschten Arbeiten und die Art und Ausführung enthält.

Dass Schwarzgeld vereinbart und gezahlt wird, dürfte nicht überraschend sein. Da wird man realistischerweise anmerken müssen, dass dies zum Alltagsgeschäft gehört. Je nachdem wie teuer Pfusch im Einzelfall kommen kann, sollte man sich vorher überlegen, ob man mitmacht.

Termine setzen

Wer nur vorübergehend vor Ort ist, wird die Arbeiten noch während seiner Anwesenheit durchführen lassen wollen. Damit dies – vielleicht – funktioniert, wird es ohne genau festgelegte Termine nicht gehen. Und damit der Handwerker auch motiviert ist, sollte mit ihm für jeden Tag später ein Abzug von der Auftragssumme vereinbart werden. Allerdings ist ein solcher Wunsch selten durchsetzbar. Aber nur auf diese Weise dürften Sie mit Sicherheit erreichen, dass Sie die durchgeführten Arbeiten noch vor Ihrer Abreise abnehmen können.

Für Umbaumaßnahmen eine *Licencia de Obra Menor?*

Wenn sie nicht nur renovieren sondern auch umbauen, ist es wahrscheinlich, dass sie zumindest eine *Licencia de Obra Menor,* also eine Baugenehmigung für Bauarbeiten kleineren Umfangs benötigen. Dafür ist der Handwerker nicht zuständig, und es wird ihn normalerweise auch nicht interessieren. Sie aber sollten im eigenen Interesse diese Frage abklären. Allerdings wird man anmerken können, dass bei kleineren, wenn auch genehmigungspflichtigen Arbeiten „Schwarzbau“ nicht unüblich ist. Hin und wieder schauen aber spanische Behörden nach, ob baurechtlich alles in Ordnung ist. Dann hilft Ihnen die Ausrede, andere bauen sogar ganze Häuser oder sogar ganze Siedlungen „schwarz“, nicht weiter.

Inhalt des Kostenvoranschlages

Der Kostenvoranschlag sollte beinhalten bzw. aufgegliedert sein gemäß einer früheren Aufstellung des Europäischen Verbraucherschutzzentrums von Spanien – *Centro Europeo del Consumidor (CEC) de España*:

- *La identificación de quién prestará el servicio* (nombre y apellidos, *dirección y NIF*) – Die Daten desjenigen, der die Dienstleistung erbringt (Vorname und Nachname, Adresse und Steuernummer)
- *La explicación del servicio que se realizará* – Die Erläuterung der Dienstleistung, die erbracht werden soll

- *El precio del servicio desglosado*: *mano de obra, desplazamientos, material y piezas de recambio* – Der aufgegliederte Preis: Arbeiten, Änderungen, Material und Ersatzteile
- *Los impuestos aplicables* – Die anzuwendenden Steuern
- *El plazo de validez del presupuesto* – Die Gültigkeitsdauer des Kostenvoranschlages.
- Ergänzend zu dieser Aufzählung: *La fecha prevista de entrega o realización* – Das vorgesehene Datum der Übergabe oder Fertigstellung.

Kostenloser Kostenvoranschlag?
Diese Frage sollte vorneweg abgeklärt werden. Bei umfangreicheren Kostenvoranschlägen bietet sich die Lösung an, dass ein bestimmter Betrag bezahlt wird, falls der Auftrag nicht an den betreffenden Handwerker vergeben wird. Umso ausgefeilter sollte dann aber auch der Kostenvoranschlag sein.

3.4 Bauen und Baurecht

Baugenehmigung – *licencia de obra oder Permiso de construcción*
Darf gebaut, saniert und renoviert werden und gegebenenfalls in welchem Umfang? Diese Frage sollte vor Abschluss eines Vertrages völlig eindeutig abgeklärt sein. Auch sollten Sie nicht nur abklären, ob überhaupt gebaut werden darf, sondern auch in welchem Umfang. Dies gilt auch dann, wenn Sie „nur" einen Umbau oder Anbau planen. Auch wenn Sie wahrscheinlich nicht in der Lage sein werden, alle baurechtlichen Fragen abzuklären und Sie deshalb jemand anderen damit beauftragen müssen, sollen doch einige wichtige Stichworte kurz erläutert werden.

Die zuständige Abteilung in der Gemeinde wird meist „Urbanismo" genannt. Ähnlich wie in Deutschland gibt es in Spanien verschiedene nationale, autonome und gemeindliche Vorschriften, die zu beachten sind. Für Verstöße sind im Bodengesetz 9/2001 – *Ley del Suelo* – eine Reihe von Sanktionen festgelegt. Abgesehen von Sanktionen müssen rechtswidrige Baumaßnahmen eventuell rückgebaut oder Gebäude abgerissen werden. Je nach Einzelfall können Rechtsverstöße verjährt sein oder können Gebäude nachträglich legalisiert werden, da ist die Einschaltung von Fachleuten eigentlich unabdingbar.

Tipp

Verlassen Sie sich keinesfalls auf mündliche Auskünfte am Telefon oder zwischen Tür und Angel, weder von Behörden noch von Beratern. Nur mit den erforderlichen Nachweisen und Erlaubnissen in schriftlicher Form sollten Sie sich zufriedengeben.

Flächennutzungspläne, Bebauungspläne und Küstengesetz

Zwar gibt es über die örtlich zuständige Gemeinde die Baugenehmigung, diese darf aber nur in Übereinstimmung mit den übergeordneten Vorschriften der städtebaulichen Planung und Raumordnungspolitik erteilt werden. Dabei gibt es durchaus Interessenkonflikte zwischen Gemeinden, die wegen der Arbeitsplätze gerne bauen lassen, und den übergeordneten Raumordnungsvorschriften und eben auch den Vorschriften des Küstengesetzes. Dann gibt es auch die Korruption auf den unterschiedlichen Ebenen der Behörden, sodass entweder weggeschaut wird, wenn schwarz gebaut wird, oder sogar Genehmigungen erteilt werden, die offensichtlich rechtswidrig sind.

Der Flächennutzungsplan (*Plan General de Ordenación Urbanistíca*), abgekürzt *PGOU*, gibt die große Linie vor. Je nach *Comunidad* gibt es aber auch davon abweichende Bezeichnungen für diese Pläne.

Dann gibt es u. a. auch die Bebauungspläne (*planos parciales de ordenación*), die die baulichen Möglichkeiten detailliert darstellen und auf deren Grundlage die Baugenehmigungen (*licencias de obras*) erteilt werden.

Allerdings gibt es nicht überall gültige Flächennutzungspläne usw. sondern planerisches Chaos. Das liegt meist an den politischen Gremien oder auch an Gerichtsentscheidungen, die beschlossene Pläne für ungültig erklärt haben.

In Denia an der Costa Blanca führte dieses Chaos dazu, dass lange Zeit an urbanistischen Übergangsvorschriften – *Normas Urbanísticas Transitorias* – herumgebastelt wurde, die nun seit Anfang 2019 in Kraft sind und so lange gelten sollen, bis es einen neuen Flächennutzungsplan gibt.

Es gab in der Vergangenheit im land Valencia unzählige *PAI – Programas de Actuación Integrada* – mit der Klassifizierung von nicht urbanisierbarem zu urbanisierbarem Land und in vielen Fällen völlig überzogenen Ausweisungen derartiger Flächen. Seit dem Platzen der Immobilienblase wird versucht, Zurückstufungen vorzunehmen.

Antrag auf Baugenehmigung und *ICIO*

Damit Sie eine Baugenehmigung erhalten, müssen Sie einen Bauantrag stellen mit genauen Plänen, der von einem spanischen Architekten abgezeichnet und von der Architektenkammer (*Colegio Oficial de Arquitectos*) abgestempelt sein muss. Auch wenn Sie ein begabter „Architekt“ sind, ist es also nicht möglich, diese Unterlagen selbst abzuzeichnen oder von einem deutschen Architekten abzeichnen zu lassen. Baugenehmigungen auf Vorrat gibt es nicht bzw. sie sind befristet. Wer also die Genehmigung erhalten hat, sollte auch die einzuhaltenden Fristen beachten, unabhängig von einer gewissen Verlängerungsmöglichkeit.

Nicht mehr von einer *licencia de obra mayor* (Baugenehmigung), sondern von einer *Licencia de obra menor* (Genehmigung für eine kleinere Baumaßnahme) ist dann die Rede, wenn es sich um kleinere Um- oder Anbauten handelt, für die je nach Gemeinde unterschiedlich keine Architektenpläne notwendig sind.

Urbanisationen werden von kommerziellen Gesellschaften erschlossen und gebaut. Genehmigungen sind notwendig sowohl für die gesamte Urbanisation als auch für einzelne Gebäude in der Urbanisation.

Die Baugenehmigung kann je nach Gemeinde und Umfang der Bebauung unterschiedlich sehr viel Geld kosten. Es handelt sich um die *ICIO*-Steuer – *Impuesto sobre Construcciones, Instalaciones y Obras*, also eine gemeindliche Steuer u. a. für Neubauten.

Informe oder *Información*

Es gibt unterschiedliche Auskünfte und Bescheinigungen für potentielle Bauherren, Besitzer und Käufer vom Bauamt. Es werden aber nicht immer die gleichen Bezeichnungen verwendet. Jedenfalls sollten sich Kaufinteressenten vom Verkäufer eines Bauplatzes, oder wenn Sie schlüsselfertig bauen lassen, vom Bauträger, eine schriftliche Bescheinigung der Gemeinde über die Bebaubarkeit vorlegen lassen, wenn eine Baugenehmigung nicht vorliegt.

Gleiches gilt auch für den Kauf eines Gebrauchtobjektes, wenn die baurechtlichen Aspekte unklar sind. Bei gebrauchten Objekten sollte aber noch besser eine Baugenehmigung vorliegen, die sehr viel aussagekräftiger ist und das konkrete Objekt betrifft.

Sie können diese Auskunft grundsätzlich auch selbst bei der Gemeinde beantragen, Formulare finden Sie eventuell in den Internetseiten der Gemeinden. Da aber unter Umständen durchaus viele Informationen und Unterlagen – *documentación* – beizubringen sind, dürfte in der Regel die Einschaltung von Beratern sehr sinnvoll sein.

In Murcia gibt es beispielsweise die SOLICITUD DE INFORME URBANISTICO MUNICIPAL über die *circunstancias urbanísticas*, also über die allgemeinen planerischen Aspekte. Die CEDULA URBANISTICA bietet, also noch sehr viel genauer, eine präzise Information über aktuelle Bauvorschriften für ein ganz bestimmtes Grundstück.

Der INFORME URBANISTICO DE USOS ist dagegen eine Bescheinigung über erlaubte Nutzungen – *usos permitidos*. Darüber hinaus gibt es noch weitere Auskünfte beispielsweise über die Öffentlichkeit oder Privatheit eines Weges, über

Grünzonen und andere geschützte Flächen usw. Zuständig dafür ist in Murcia "La Gerencia de Urbanismo" mit seinem "Oficina de Información Urbanística".

Es mag zwar Zeit kosten, vor einem Kauf oder einer Baumaßnahmen schriftliche Auskünfte und Informationen einzuholen, aber das ist dennoch äußerst empfehlenswert. Nicht jede bauliche bzw. Renovierungsmaßnahme ist genehmigungspflichtig, aber gerade auch diese Frage sollte eindeutig beantwortet sein.

Bauen auf ländlichen Grundstücken – *zonas rústicas*

Gerade beim Bau eines Hauses außerhalb geschlossener Ortschaften auf ländlichem Grund und Boden – *suelo rústico* – muss ein Grundstückskäufer auf der Hut sein, wenn ihm versichert wird, dass das gekaufte Gelände bebaut werden dürfe. Unter Umständen handelt es sich um eines der Schutzgebiete unterschiedlicher Art, für die noch strengere Vorschriften gelten. Hinzu kommt die Frage, falls gebaut werden darf, in welchem Umfang Wohnfläche, in welchem Umfang – nur – Nutzfläche (z. B. Abstellraum). Auch wenn schon ein heruntergekommenes Gebäude dasteht, bietet dieses keine Gewähr dafür, dass problemlos saniert, aus- oder angebaut und die Nutzung der Räume geändert werden darf. Es kommen je nach Land unterschiedliche Vorschriften zur Anwendung, aber auch gemeindliche.

Für ländliche Grundstücke gibt es je nach Gemeinde unterschiedliche Mindestgrößen für Grundstücke, falls diese überhaupt bebaut werden dürfen. Dies können beispielsweise 10.000 m^2 oder auch 15.000 m^2 betragen, oder auch nur ein paar tausend Quadratmeter. Eine einheitliche Mindestgröße für ganz Spanien gibt es nicht.

Gerade wenn Sie eine *finca* im Außenbereich kaufen und bauen wollen, sollten Sie die Frage der Mindestgröße und der rechtlich zulässigen Bebauung schon vor Abschluss des privatschriftlichen Vertrages abgeklärt haben, auch nachbarrechtlich. Erschließungskosten müssen Sie selbst übernehmen.

Zona verde

Bei der Grünzone, dabei handelt es sich um Gelände, das nicht bebaut werden darf und als Grünfläche oder ähnliches genutzt werden soll. Solche Grünzonen gibt es auch in Urbanisationen. Und mancher Käufer hat nicht schlecht gestaunt, wenn er feststellen musste, dass es sich bei seinem angeblichen Bauplatz in einer Urbanisation um eine Grünzone handelte. Fälschlicherweise sind manche Kaufinteressenten der Meinung, dass in der gesamten Urbanisation gebaut werden darf, falls diese insgesamt genehmigt worden ist. Aber auch für Urbanisationen sind Grünflächen vorgeschrieben.

Wenn in irgendeiner Urbanisation noch einige Flächen frei sind, kann es sich tatsächlich um Bauplätze handeln, es kann sich aber auch um eine nicht bebaubare Grünzone handeln. Vorsicht ist also angebracht, eine Bescheinigung (siehe oben) sollte beim Bauamt beantragt werden.

Eigentumswohnungen: Teilungserklärung

Bei Apartmenthäusern, die schon im Bau sind, sollte der Verkäufer oder Vermittler sofort die Baugenehmigung aus der Schublade ziehen können. Außerdem sollte er auch schon die notarielle Teilungserklärung der Wohnungen in rechtlich selbständige Einheiten vorlegen können. Weist der Bauträger darauf hin, diese werde erst nach Fertigstellung der Wohnungen beurkundet, so mag man dies akzeptieren, wenn die laufenden Zahlungen gemäß Baufortschritt abgesichert sind und der Inhalt der Teilungserklärung und der Satzung feststeht. Fehlt aber eine solche Absicherung und fehlt die Teilungserklärung, sollte auf den Kauf verzichtet werden. Rechtlich gesehen kann diese Teilungserklärung schon vor der Fertigstellung beurkundet werden.

Bauordnungsgesetz – *Ley de la Ordenación de Edificación (LOE)*

Dieses Gesetz gilt für alle Neubauten, für die die Baugenehmigung nach Inkrafttreten der Vorschriften beantragt wurde, und beschreibt Rechte und Pflichten der am Bau beteiligten Personen und Unternehmen.

Der *Promotor* hat eine Pflichtversicherung für Schäden an Strukturelementen des Bauwerks abzuschließen. Vorgeschrieben ist nur die zehnjährige Versicherung(*decenal*) für strukturelle Schäden. Das klingt zwar gut. Aber gerade die üblichen Baumängel sind keine strukturellen Elemente.

Codigo Tecnico de Edificacion – CTE

Dieses „Technische Regelwerk für das Bauen" beinhaltet viele Vorschriften zu den Themen Statik, Sicherheit, Brandschutz, Energiesparen/Energieausweis, Schallschutz und Gesundheit.

Baufertigstellung und Fristen

Immer wieder stellt sich für die Bauherren die Frage, wie man dem Bauunternehmer schnelle Beine machen kann. Als probates Mittel kommt eigentlich nur eine hohe Vertragsstrafe in Betracht. Auch sollte er eine weitere Anzahlung nur dann erhalten, wenn die betreffende Bauphase auch tatsächlich abgeschlossen worden ist.

Bauaufsicht

Die Bauaufsicht erfolgt entweder durch den mit der Planung beauftragten Architekten oder einen anderen Architekten. Zusätzlich tritt noch ein *aparejador* oder *arquitecto técnico Ingeniero de Edificación* in Aktion. Die Bezeichnung *arquitecto técnico* gibt ungefähr wieder, worum es geht, nämlich um die technische Überwachung und Bauaufsicht. In Deutschland würde man vielleicht von einem Bauingenieur sprechen.

Bewohnbarkeitsbescheinigung – *cédula de habitabilidad*

Es gibt drei verschiedene *cédulas*, abhängig vom Alter der Wohnung:

- *De primera ocupación*: Insbesondere für Neubauwohnungen – *para viviendas de nueva construcción*
- *De primera ocupación de rehabilitación*: Für Sanierungen, Erweiterungen usw.
- *De segunda ocupación*: für Wohnungen aus zweiter Hand – *para viviendas que ya existen.*

Alte *cédulas* haben unterschiedliche Laufzeiten. Für Neubauten gelten die Bescheinigungen seit einigen Jahren 25 Jahre lang, und für Sanierungen und gebrauchte Wohnungen 15 Jahre.

Es gibt unterschiedliche Regelungen in den *comunidades autónomas*, für den Antrag und Erhalt der Bescheinigung wenden Sie sich an die Gemeinde.

Strom, Gas und Wasser

Ist ein Neubau hoffentlich erfolgreich zu Ende geführt, muss man sich um die sehr wichtige Bauabschlussbescheinigung (*certificación de final de obra*) kümmern, mit der vom Architekten bescheinigt wird, dass der Bau fertiggestellt ist. Für den Anschluss an den regulären Strom, reguläres Gas und Wasser benötigt man u. a. die Bescheinigung über ordnungsgemäße elektrische Installationen – *Certificado de Instalación Eléctrica* – oder *boletín eléctric.* Weitere Ausführungen zu Strom, Generatoren, Wasser und Brunnen finden sich in Kapitel 2.

Baumängel

Die folgenden Ausführungen sollten immer unter der Prämisse gelesen werden, dass Sie sich tunlichst im Vorfeld darum kümmern müssen, dass alles getan worden ist dafür, dass die Bauausführung in vereinbarter/guter Qualität gelingt, weil es oftmals viel Zeit und Geld kosten würde, sich um die Beseitigung von Baumängeln zu kümmern. Rechtsanwälte, Gutachter, Gerichte, dazu sollte es erst gleich gar nicht erst kommen müssen. Aber das ist natürlich nicht einfach…

Es gibt kaum einen Bau, wo es nicht mindestens einige kleinere Mängel gibt, nicht nur in Spanien. Dies ist eine allgemeine Erfahrung, die Sie überall auf der Welt machen können. Problematisch sind aber diese kleineren Mängel nicht, die eine Baufirma problemlos beheben kann oder der Bauherr ohne großen finanziellen Aufwand durch eine andere Baufirma beheben lassen kann, auch wenn die Baufirma nicht in der Lage oder nicht willens ist. Es wäre nicht sinnvoll, deswegen einen Prozess zu führen. Eine Pflichtversicherung für Ausführungsmängel und mangelhafte Materialien und Installationen besteht nicht. Der *Promotor* ist verpflichtet, diese Versicherung zu besorgen und zu bezahlen.

Tipp

Für eventuelle Baumängel sollte ein Rückbehalt vertraglich vereinbart werden.

Bauprozess?

Einen Bauprozess zu führen, ist schon in Deutschland kein Vergnügen, aber noch viel weniger in Spanien. Aber bei größeren Baumängeln lässt sich grundsätzlich nur empfehlen, einen Prozess zu vermeiden, auch wenn Sie rechtlich gesehen unzweifelhafte Ansprüche haben. Hohe Kosten und langwierige Prozesse lassen es als notwendig erscheinen, eine – wenn auch nur unter Zähneknirschen – außergerichtliche Einigung mit der Baufirma oder dem Bauträger zu finden. Es mag sehr schmerzlich sein, dies zu akzeptieren, eine andere Empfehlung zu geben wäre aber schlichtweg falsch. Und schon in diesem Stadium kann es sehr empfehlenswert sein, einen kompetenten und vertrauenswürdigen Berater einzuschalten. Damit Ihnen auch nicht der Einwand entgegengehalten werden kann, dass der Mangel schon bei der Bauabnahme offensichtlich gewesen sei und Sie dies nicht moniert hätten, gibt es einen Grund mehr, bei der Bauabnahme alles sehr sorgfältig zu überprüfen.

Unter Umständen haftet auch der Architekt für Mängel in der Bauausführung, wenn er seiner Aufsichtspflicht nicht nachkommt. Kann die Haftung nicht genau abgegrenzt werden, haften Bauunternehmer und Architekt eventuell gesamtschuldnerisch. Wenn Schadenersatzansprüche usw. geltend gemacht werden sollen bzw. dies überlegt wird, sollte zügig gehandelt und ein Sachverständiger hinzugezogen werden. Wenn dessen Stellungnahme oder Gutachten recht eindeutig ausfällt, steigen auch die Chancen auf eine außergerichtliche Einigung. Hoffnungslos ist aber der Fall dann, wenn die Baufirma oder der Bauträger pleite ist und seine Geschäftstätigkeit eingestellt hat. Oder es besteht die Möglichkeit, jemanden anderen haftbar machen zu können, eventuell den Architekten.

Unterschiedliche Verjährungsfristen bei Mängeln

Zu beachten sind natürlich die Verjährungsfristen und die Frist zur gerichtlichen Geltendmachung der Schadenersatzansprüche. Ab Bauübergabe bzw. Bauabnahme laufen die unterschiedlichen Verjährungsfristen, falls diese ohne Vorbehalt erfolgte. Baumängel müssen also vor Ablauf der Verjährungsfrist entstanden sein und dann rechtzeitig gerichtlich geltend gemacht werden. Damit auf keinen Fall welche Frist auch immer versäumt wird, sollte ein Fachmann diese rechtlichen

Aspekte vorweg abklären. Die kürzeste Frist betrifft Mängel in der Bauausführung ohne größere Einschränkung der Bewohnbarkeit, sie beträgt ein Jahr. Dann gibt es noch die drei- und zehnjährige Frist je nach Art des Baumangels. Aufgrund dieser unterschiedlichen Fristen gibt es natürlich Abgrenzungsprobleme, die letztendlich durch die Gerichte entschieden werden müssen.

An-, Um- und Ausbauten ohne die notwendige Genehmigung

Es mag ja passieren, dass jemand nach dem Kauf der Immobilie an-, um- oder ausbaut und glaubt, dass er keine Genehmigung benötigt oder dass schon niemand nachschauen wird. Das geht nicht immer gut, eine genaue Statistik gibt es aber dazu nicht. Es könnte der Nachbar sein, der sich beim örtlichen Bauamt nach der Baugenehmigung erkundigte, es mögen auch Erkenntnisse von Hubschrauber- oder Drohnen- oder Satellitenbildern sein, die die Baubehörde und das Finanzamt aufgeweckt haben.

In *La Voz de Galizia* fand sich im Januar 2017 die Überschrift: „Hacienda destapa casi 6000 piscinas en Galicia que no estaban declaradas". Das Finanzamt entdeckte also fast 6000 Schwimmbecken, die steuerlich nicht gemeldet waren (und baurechtlich wohl auch nicht legal). Erfasst wurden sie laut Artikel mittels Drohnen, Satelliten, Google Maps…

Näheres zum Thema „Schwarzbauten", Legalisierung, Duldung und Verjährung finden Sie in Kapitel 2.

Notarielle Neubauerklärung – declaración de obra nueva

In Spanien ist vorgeschrieben, dass ein Neubau oder Erweiterungen usw. im Eigentumsregister eingetragen werden muss. Diesbezüglich besteht aber ein großer Unterschied zwischen Vorschrift und Realität. Für viele Bauten wurden keine Neubauerklärungen abgegeben.

Der Bauherr hat also notariell zu erklären, dass er gebaut hat. Die notarielle Urkunde ist dann anschließend beim spanischen Eigentumsregister zur Eintragung vorzulegen. Die Neubauerklärung wird regelmäßig nach Abschluss der Bauarbeiten abgegeben, es ist aber auch rechtlich zulässig, diese schon dann abzugeben, wenn mit dem Bau begonnen worden ist.

Falls bei Gebrauchtobjekten keine Neubauerklärung vorliegt, bedeutet dies nicht, dass man dann nicht Eigentümer der Immobilie werden könnte. Aber dann gibt es umso mehr Anlass, den Verkäufer oder Vermittler nach der Baugenehmigung usw. zu fragen.

Eine Neubauerklärung kann grundsätzlich auch noch nach vielen Jahren abgegeben werden. Fehlt die Baugenehmigung und sind die Verstöße gegen Bauvorschriften verjährt, bedarf es nur noch einer Bescheinigung der Gemeinde darüber. Dies bedeutet aber indirekt auch, dass das Vorliegen einer Neubauerklärung kein direkter Nachweis für eine Baugenehmigung ist. Liegt keine Verjährung vor, ist aber für die Neubauerklärung die Vorlage verschiedener Unterlagen, u. a. der Baugenehmigung, vorgeschrieben, die der Notar vor der Beurkundung überprüfen muss, und deren Beschaffung aufwendig werden kann.

3.5 Spanische *IVA:* Reduzierter Steuersatz für Handwerkerarbeiten

Der reduzierte Mehrwertsteuersatz von 10 % IVA kommt für alle Arbeiten (Mauerwerk – *albañilería*, Sanitärbereich – *fontanería*, Malerarbeiten – *pintura*, Elektrizität – *electricidad* und Zimmermannsarbeiten – *carpintería*) zur Anwendung, die *obras de rehabilitación* und *obras de reparación y renovación de edificios* betreffen, also Sanierungs- auf der einen Seite und Reparatur- und Renovierungsarbeiten in und an Gebäuden auf der anderen Seite.

Die *Obras de rehabilitación*, also Sanierungsarbeiten, sind abzugrenzen von Arbeiten, die nicht dem reduzierten MwSt-Satz unterliegen.

Privatleute können zusätzlich für *Obras de renovación y reparación de viviendas para uso particular*, also Renovierungs- und Reparaturarbeiten in Wohnungen des privaten Gebrauchs, den reduzierten Steuersatz fordern. Dies gilt auch für Gemeinschaften.

Dieser Steuersatz gilt aber nicht generell auch für das Material. Wenn Material in der Rechnung enthalten ist, darf dieses nicht mehr als 40 % des Betrages ausmachen. Außerdem muss die Immobilie mindestens zwei Jahre alt sein bzw. müssen frühere Arbeiten an der Immobilie mindestens zwei Jahre zurückliegen. Häuslebesitzer profitieren bei einer offiziellen Rechnung außerdem davon, dass sie bei Mängeln leichter die Beseitigung einfordern und den haushaltsnahen Dienstleistungsfreibetrag geltend machen können.

Tipp

Sprechen Sie vor Vergabe der Arbeiten mit dem Handwerker über den reduzierten MwSt-Satz und den Kostenanteil des Materials. Falls ein Handwerker in seiner Rechnung den normalen Mehrwertsteuersatz von 21 % anwendet, fragen Sie nach, warum nicht diese 10 % zur Anwendung kommen.

4 Besitz: Eigennutzung, Vermietung und Steuern

4.1 Laufende Kosten, Abgaben und Steuern usw.

Eine wirklich nur ungefähre „Hausnummer" bzw. Bandbreite der laufenden Kosten ist 1-1,5 Prozent des Kaufpreises. Allein schon ein Swimmingpool kann die laufenden Kosten stark in die Höhe treiben, auch die Pflege eines Gartens oder ein Sicherheitsdienst.

Zu den laufenden Kosten zählen vor allem die Kosten für Wasser, Abwasser, Strom, Müll, Versicherungen, die Grundsteuer und die Einkommensteuer – letztere auch im Falle einer ausschließlichen Eigennutzung. Eventuell fällt auch Vermögensteuer an (4.6 und 4.7). Bei Eigentumswohnungen und eventuell auch bei Urbanisationen kommen noch monatlich zu zahlende Umlagen an die Gemeinschaft hinzu. Sehr hilfreich ist es, wenn Ihnen der Verkäufer Informationen und Belege geliefert hat. Wenn für den Kauf ein Makler eingeschaltet und bezahlt wurde, wird dieser – hoffentlich – am Anfang helfen, die Versorgung mit Strom und Wasser sicherzustellen und die Bezahlung von Abgaben und Steuern in die Wege zu leiten. Oder Sie schalten spätestens jetzt eines der vielen Beratungs- und Service-Büros ein.

Vorweg gilt es aber, sich um die richtige Versicherung für die Immobilie zu kümmern (4.3). Außerdem stellt sich spätestens jetzt die Frage, ob und in welchem Umfang noch Sicherheitsmaßnahmen durchgeführt werden sollen (4.2).

Zwischenzeitlich ist die touristische Vermietung je nach Region zu einem aufwendigen Unterfangen geworden, falls überhaupt zulässig. Wer vermieten will, hat sich hoffentlich schon vorher informiert (4.4).

Spanisches Bankkonto

Mit der Einführung von SEPA mag ein spanisches Bankkonto nicht mehr die Bedeutung haben wie früher. Dennoch lautet die Empfehlung weiterhin, ein Bankkonto vor Ort zu eröffnen, trotz der zwischenzeitlich schnelleren und kostengünstigeren Überweisungsmöglichkeiten von Deutschland ins Ausland (zum Thema Bankkonto mehr in Kapitel 1).

4.2 Sicherheit und Abwesenheit

Wer schaut nach Ihrer Immobilie?

Bei einer Wohnungseigentümergemeinschaft sorgt normalerweise die Verwaltung für die Pflege der Außenanlagen und die Instandhaltung des Gebäudes. In Apartmenthäusern sind eine dauerhaft besetzte Rezeption und ein Sicherheitsdienst von großem Vorteil, allerdings gibt es dies nicht kostenlos.

Wenn Sie Eigentümer eines Grundstücks mit Haus in einem normalen Wohngebiet sind, haben Sie das Problem, dass Sie sich einen „Verwalter" suchen müssen. Sie benötigen eine vertrauenswürdige Person, der Sie einen Hausschlüssel anvertrauen können und die auch für die Pflege des Gartens sorgt und sich um die Immobilie gerade in der Zeit Ihrer Abwesenheit kümmert. Damit ist gewährleistet, dass bei Schäden durch ein Unwetter oder einem sonstigen Notfall die Immobilie kurzfristig zumindest notdürftig abgesichert wird und zusätzliche Schäden unterbunden werden.

Gerade in den touristischen Gebieten gibt es Service-Agenturen oder Einzelpersonen, die die Pflege und – falls gewünscht – auch die Vermietung von Haus, Garten und Schwimmbad übernehmen. Auch hier gilt es, sich bei anderen Eigentümern zu erkundigen, wie gut und zuverlässig der Service ist. Auch wenn Sie Ihre Immobilie versichert haben, sollten Sie dennoch Sicherheits- und Vorsichtsmaßnamen treffen. Schmuck und sonstige sehr wertvolle Gegenstände sollten sich während der Zeit Ihrer Abwesenheit nicht in der Immobilie befinden.

Muffig und schimmlig?

Zum Problem können Immobilien werden, die lange Zeit leer stehen, wenn sie nicht gelüftet werden. Dass es dann muffig riecht und Schimmel entstehen kann, ist kein Wunder. Feuchte Wände, Schimmel und abblätternde Farbe können aber auch durch aufsteigende Feuchtigkeit und falsche Wärmedämmung entstehen, wobei sich diese meist nur mit hohen Kosten beseitigen lassen. Um die Luftfeuchtigkeit zu senken, kommen Lufttrocknungsgeräte mit Zeitschaltuhr in Frage, auch wenn die Feuchtigkeitsursache allein damit natürlich nicht behoben ist.

Themen Smarthome, Sicherheit und Haus- und Wohnungsbesetzungen

Zu den Themen Smarthome, Sicherheit durch mechanische und elektronische Sicherungen und Haus- und Wohnungsbesetzungen finden Sie Ausführungen in Kapitel 2.

4.3 Versicherungen: Elementarschäden, Vandalismus …

Ferienimmobilien teurer

Üblicherweise werden Immobilien gegen Schäden durch Feuer (Brand, Blitzschlag, Explosion), für Sturm und Hagel sowie für Leitungswasser (Rohrbruch, Frost, Nässeschäden) versichert. Unwetterschäden häufen sich aber. Zu empfehlen ist deshalb – wobei sich der notwendige oder sinnvolle Umfang des Versicherungsschutzes nur im konkreten Fall richtig beurteilen bzw. einschätzen lässt – neben einer Gebäude- und eventuellen Hausratversicherung die Versicherung von Elementar-Schäden (also gegen die Folgen von Naturgefahren).

Die Höhe der zu zahlenden Versicherungsprämie sollte gerade im Ausland nicht das alleinige Entscheidungskriterium sein, sondern die Antwort auf die Frage, von wem und wie im Schadensfall die Angelegenheit für Sie abgewickelt wird, also der Service des Vertreters vor Ort, der sich im Schadensfall um Ihre Interessen kümmert und mit dem Sie sich auch sprachlich verständigen können. Fragen Sie den Verkäufer und andere Hauseigentümer nach deren Erfahrungen. Es gibt nun Versicherungen in Spanien, deren Namen in Ihren Ohren sehr vertraut klingen mögen. Es handelt sich dabei um Ableger von schweizerischen oder deutschen Versicherungen (z. B. *Allianz Compañía de Seguros y Reaseguros, S.A.*, www.allianz.es in spanischer Sprache). Wichtig zu wissen ist aber, dass diese bei der Schadensbearbeitung völlig unabhängig von ihren deutschen „Müttern" und „Vätern" arbeiten.

Die größte spanische Versicherungsgesellschaft ist die *Mapfre Seguros Generales Compania de Seguros y Reaseguros, S.A.* (meist abgekürzt *Mapfre*) – www.mapfre.com (teilweise in englischer und portugiesischer Sprache). Auch eine Rechtsschutzversicherung für Ihre spanische Immobilie mögen Sie der Vollständigkeit halber abschließen. Das Hauptaugenmerk sollten Sie aber darauf richten, dass Sie einen Prozess in Spanien möglichst vermeiden.

Ganz wichtig: es muss klar sein, ob und in welcher Höhe es einen Selbstbehalt gibt, ebenso die Laufzeit und die Fristen für Schadensmeldungen. Mündliche Aussagen des Versicherungsvertreters lassen Sie sich schriftlich bestätigen (wenn sich all dies nicht schon aus dem Vertrag ergibt).

Dass Ferienimmobilien teurer kommen können als Hauptwohnsitze, liegt an der der höheren Einbruchgefahr. Deshalb wird im Antrag auf Versicherung auch angefragt, wie die Immobilie genutzt wird. Bei Ferienimmobilien bleiben Schäden eventuell längere Zeit unentdeckt, was dazu führen kann, dass sich der Schaden noch vergrößert.

Tipps

Deutschsprachige Inserate von spanischen Versicherungen finden Sie in lokal und regional erscheinenden deutschsprachigen Zeitungen und Zeitschriften für Touristen und ansässige Ruheständler. Achten Sie auch darauf, dass Vandalismusschäden versichert sind. Vermieter sollten für diese Vermietungstätigkeit haftpflichtversichert sein für den Fall, dass den Mietern etwas zustößt (eventuell schon bei der deutschen Haftpflicht mitversichert).

Consorcio de Compensación de Seguros

Der staatliche „Consorcio de Compensación de Seguros" – www.consorseguros.es (mit Adressen von Regionalbüros) – ist beim spanischen Wirtschafts- und Finanzministerium angesiedelt und dient insbesondere für Katastrophenschäden. Unter anderem werden aus diesem Katastrophenfonds Schäden durch Terrorismus und Überschwemmungen bezahlt. Gefüttert wird dieser Fonds zwar von den Versicherungsgesellschaften, die Schadensabwicklung erfolgt aber direkt über den Fonds. Ansprüche auf Ersatz von Schäden bestehen nur dann, wenn die Versicherung mit einer spanischen Gesellschaft abgeschlossen worden ist. Wenn jemand sein Haus in Spanien über eine in Deutschland ansässige Versicherung abgedeckt hat (das wäre aber die große Ausnahme), wird der *Consorcio* allerdings nicht zahlen, da die deutsche Prämie nicht in den spanischen Fonds einzahlt. Folgende Schäden werden grundsätzlich aus diesem Fonds bezahlt: Schäden durch Terrorismus – vorausgesetzt, die Terrororganisation bekennt sich zu dem Anschlag, Überschwemmung durch Regen oder durch Hochwasser, verursacht durch natürliche Wasserläufe, Meerbrandung, Erdbeben und Vulkanausbruch, Sturm in Verbindung mit Regen, Kälteeinbrüche und Aufprall von Himmelskörpern.

4.4 Vermietung: Dauerhaft oder touristisch

4.4.1 Kurzfristige touristische Vermietung – *uso turístico/alquiler vacacional*

Zeitenwende bei der privaten touristischen Vermietung

Achtung

Baurecht, Ausstattungsvorschriften, sonstige Verwaltungsvorschriften, Wohnungseigentumsrecht und Steuern in Spanien und Deutschland, mit all diesen Themen müssen sich Ferienwohnungsvermieter auseinandersetzen. Achten die zuständigen Behörden sehr genau auf die Umsetzung aller alten und neuen Vorschriften, dann werden wohl viele vermietungswillige Eigentümer aufgeben oder gleich gar nicht vermieten dürfen.

Eine ganz neue Vorschrift vom Dezember 2018 besagte, dass Eigentümergemeinschaften mit einem 3/5-Beschluss (doppelte Mehrheit Personen und Quote) die touristische Vermietung verbieten können. Im Januar 2019 war diese Gesetzesänderung schon wieder aufgehoben. Das Thema „Touristische Vermietung" ist immer für eine Überraschung gut.

Wie rigoros werden die neuen Vorschriften umgesetzt?

Bis 2013 gab es in Spanien ein einheitliches Gesetz über die lang- und kurzfristige Vermietung. Seither sind die *Comunidades Autónomas* für die touristische Vermietung zuständig. Aufgrund dieser Zersplitterung der Rechtsvorschriften der touristischen Vermietung lassen sich die einzelnen Regelungen in diesem Ratgeber schon aus Platzgründen nicht darstellen.

Insgesamt gesehen lässt sich neuerdings eine sehr restriktive Tendenz bei der Zulässigkeit einer touristischen Vermietung oder gar eine Verhinderung dieser Art der Vermietung feststellen. Es stellt sich aber die Frage, ob – wie so oft in Spanien – Vorschriften und deren Umsetzung weit auseinanderklaffen oder die Vorschriften von den Behörden rigoros gehandhabt werden. Im letzteren Fall wird je nach *Comunidad* mancher Besitzer gleich gar nicht vermieten können, oder aber die Erfüllung der Vorschriften erfordert einen so hohen Aufwand, dass sich eine Vermietung auch für Besitzer mit bescheidenen Renditeansprüchen nicht mehr lohnt.

Für Einheimische weniger Wohnraum, für die Hotelbranche unliebsame Konkurrenz

In früheren Jahren gab es in Spanien ein regelmäßiges Ritual der Hotelbranche. Deren Interessenvertreter klagten über die private Schwarzvermietung von Ferienwohnungen. Dies hatte aber kaum jemanden interessiert. Doch nun wehrt sich vielerorts auch die einheimische Bevölkerung gegen diese touristische Vermietung, und nicht nur gegen die Schwarzvermietung. Denn der Wohnraum für die langfristige Vermietung ging verloren und der angebotene wurde sehr viel teurer. Deshalb werden nun in Spanien in einigen Regionen die Vorschriften zum großen Nachteil vermietungswilliger Eigentümer abgeändert, und nicht nur für Großstädte.

Die guten alten Zeiten der unkontrollierten touristischen Vermietung dürften damit endgültig vorbei sein. Wollen die Behörden tätig werden, müssen sie nur in den Vermietungsportalen nachschauen.

Wenn der alte Wildwuchs bei der touristischen Vermietung bekämpft werden soll, ist das in einem gewissen Rahmen durchaus verständlich. In einer Stadt wie Barcelona kann man sicherlich von Auswüchsen sprechen, die bekämpft werden müssen. Andererseits ist es nicht akzeptabel, nur den Hoteleigentümern zu Diensten zu sein. Wenn Ferienwohnungen durch touristische Vermietung öfters genutzt werden, ist dies durchaus sinnvoll, und die Mieter bringen zusätzliches Geld in die örtlichen Kassen.

Die neue spanische Regierung will Vereinheitlichung

Zwischenzeitlich überlegt sich die neue Madrider Regierung, das Reglement für einen einheitlichen touristischen Vermietungsmarkt zu schaffen – *unificar en un marco único la regulación sobre las viviendas turísticas*. Allerdings sind diese Überlegungen erst im Anfangsstadium und werden kurzfristig nicht umgesetzt werden, da ja die *Comunidades* sehr genau darauf achten werden, dass die Vorschläge der Regierung ihre Möglichkeiten nicht einschränken.

Genügend Personal?

Wie in früheren Jahrzehnten einfach „schwarz" zu vermieten, mag die Überlegung mancher Besitzer sein. Aber die Ausrede, man stelle ja die Wohnung nur Freunden und Bekannten kostenlos zur Verfügung, wird nicht oft funktionieren, wenn die Behörden regelmäßig kontrollieren sollten oder die Wohnung über ein Vermietungsportal angeboten wird. Allerdings ist nicht erkennbar, dass genügend Personal für den Bereich „Touristische Vermietung" zur Verfügung steht, aber eine Atmosphäre der Verunsicherung dürfte ausreichen. Auch Parkuhren werden nicht den ganzen Tag über kontrolliert. Wenn aber bekannt ist, dass immer wieder mal kontrolliert wird, erzeugt dies Verunsicherung unter den Autofahrern, die dann entweder wegbleiben oder bezahlen.

Vorschriften – *Normativa turística autonómica und licencias*

Rentalia ist eine Internetseite für touristische Vermietungen, an der das große Immobilienportal *Idealista.com* beteiligt ist. *Rentalia* hat u. a. Links zu den Vorschriften der *Comunidades Autónomas* in einer Liste und einigen Informationen zusammengestellt und auch die zuständigen Behörden benannt: https://es.rentalia.com/owner/legal.php. Allerdings sind die Texte nur in spanischer Sprache verfasst, außerdem wäre es auch bei sehr guten Sprachkenntnissen zu aufwendig, sich einzuarbeiten. Da auch die tatsächliche Handhabung der Vorschriften durch die Behörden sehr unterschiedlich ausfallen kann, ist es empfehlenswert, jemanden vor Ort einzuschalten, der rechtliche und praktische Kenntnisse und Erfahrungen mit der touristischen Vermietung hat und Abklärung und Behördengänge übernehmen kann.

Ob überhaupt, welche Art von Objekt, Ausstattung …

Abzuklären ist, ob das konkrete Objekt des Eigentümers grundsätzlich vermietet werden darf, u. a. auch im Hinblick auf die Statuten der Eigentümergemeinschaft bei einer Eigentumswohnung, gegebenenfalls welche sonstigen Voraussetzungen zu erfüllen sind an Ausstattung usw.

Auf den Balearen sind die neuen Vorschriften recht kompliziert ausgefallen, da je nach Einzelfall unterschiedlich sehr viel Aspekte abgeklärt werden müssen, weil die touristische Vermietung abhängig gemacht wird von der Art der Immobilie, in welcher Zone sich die Immobilie befindet und ob sie nur zwei Monate oder das ganze Jahr touristisch vermietet werden soll und darf und auch noch die Gemeinden maßgeblich mitwirken. Außerdem können die Besitzdauer und die Art der bisherigen Nutzung von Bedeutung sein.

Diese Vorschriften auf den Balearen lassen erkennen, dass die Intention des dortigen Gesetzgebers nicht die rechtliche Ermöglichung der Vermietung sondern eher deren Verhinderung bzw. eine gravierende Einschränkung der touristischen Vermietung ist. Ob diese gravierenden Einschränkungen verfassungsrechtlich unbedenklich sind, muss offen bleiben.

In anderen Regionen bzw. *Comunidades* fallen die Vorschriften weitaus milder aus, dennoch dürfte der Aufwand hoch sein, wenn die Behörden die Vorschriften wörtlich nehmen.

In *Bilbao* und San *Sebastian* dürfen nur Apartments im Erdgeschoss oder mit gesondertem Zugang von der Straße kurzfristig vermietet werden. In Madrid gibt es nur einjährige Lizenzen für die touristische Vermietung.

Achtung

Die Vorschriften über die touristische Vermietung sind stark im Fluss, Änderungen oder Ergänzungen sind sehr wahrscheinlich.

Behörden – *Administración Turística*

Wenn die zuständigen Behörden sehr genau auf die Umsetzung aller verwaltungsrechtlichen Vorschriften achten, dann haben vermietungswillige Vermieter viel Arbeit vor sich, insbesondere auf den Balearen, bis endgültig feststeht, ob und gegebenenfalls in welchem Umfang vermietet werden darf.

Es bleibt zu hoffen, dass es vor Ort Dienstleistungsangebote zu einem akzeptablen Preis gibt, die die Frage der Zulässigkeit der Vermietung für ein konkretes Objekt eindeutig abklären und gegebenenfalls die Beantragung der Vermietung usw. einschließen. Ist die Vermietung aber schon laut den Statuten der Eigentümergemeinschaft nicht zulässig, hat sich die Angelegenheit schon erledigt.

Declaración und *Inscripción*

In den folgenden *Comunidades Autónomas* muss laut *Rentalia* eine Erklärung bei der zuständigen Tourismusbehörde – *declaración responsable ante la Administración Turística* – eingereicht werden und eine Eintragung ins Tourismusregister – *Registro de Turismo* – erfolgen: *Andalucía, Aragón, Asturias, Baleares, Canarias, Cantabria, Castilla y León, Cataluña, Comunidad de Madrid, Comunidad Valenciana, Pais Vasco, Galicia, La Rioja* und *Navarra*. Man erhält dann eine Registernummer.

Für die Erklärung gibt es unterschiedliche Bezeichnungen, ein Beispiel: *declaración responsable de inicio de actividad turística* – verantwortliche Erklärung über den Beginn touristischer Aktivität. Mit der Erklärung wird versichert, dass die Voraussetzungen für die Vermietung erfüllt werden. Doch die Versicherung, touristisch vermieten zu wollen und die Voraussetzungen dafür erfüllen zu können, reicht leider nicht aus.

Je nach Land unterschiedlich sind auch die Gemeinden berechtigt und gefordert, Gebiete für Ferienwohnungen auszuweisen bzw. haben die Möglichkeit, die touristische Vermietung einzuschränken.

Unterlagen und Ausstattung

Auf den Balearen werden an Unterlagen u. a. eine Wohnbarkeitsbescheinigung und ein Energieausweis verlangt. Mindestens ein Bad für jeweils vier Personen muss vorhanden sein, je nach Immobilie müssen vom Alter der Immobilie abhängig energetische Bedingungen – *Medidas de eficiencia energética* – erfüllt werden, dann sind auch vorgeschrieben Umweltschutz- bzw. Einsparvorrichtungen – *Medidas de calidad ambiental*, u. a. für sparsamen Wasserverbrauch und Abwasser. All dies ist aber nur ein kleinerer Teil der Bedingungen, die zwischenzeitlich erfüllt werden müssen.

Interessenvertretungen vermietungswilliger Eigentümer

Es sind nicht nur Ausländer, die sehr gerne touristisch vermieten wollen. Einheimische Besitzer sehen diese touristische Vermietung als willkommenes Zubrot oder zweites Einkommen an. Deshalb haben sich auch Interessenvertretungen gebildet, die sich für die Möglichkeit der touristischen Vermietung einsetzen. Diese lokalen oder regionalen Vereinigungen sind *asociaciones de viviendas de uso turístico*. Davon können auch Ausländer profitieren, die Mitgliedschaft bei diesen Organisationen und Vereinigungen stehen auch Ausländern offen, vom Sprachproblem mal abgesehen.

Bei www.rentalia.es finden Sie eine Aufzählung von Interessenvertretungen, z. B. unter Andalucía die Organisationen *Asociación de Viviendas Turísticas y Vacacionales de Andalucía: Apartsur*, und die *Asociación de Viviendas Turísticas de Andalucía: AVVA,* und für die Kanaren die *Asociación Canaria del Alquiler Vacacional* (*Ascav*).

Praktische Aspekte

Auch wenn man alle Vorschriften erfüllt und gesetzliche Klippen umschifft hat, bedeutet das nicht automatisch, dass die Vermietung rundum ein Erfolg wird. Bei den folgenden Beispielen geht es nicht darum, als Schwarzseher aufzutreten, sondern auf typische Gesichtspunkte zu achten, die andernfalls zum Problem werden können. Hausbesitzer, die gerade erst gekauft und noch keine schlechten Erfahrungen mit Mietern gemacht haben, sind oftmals sehr optimistisch eingestellt. Dieser Optimismus dauert aber oftmals nicht lange, wenn die Erfahrungen mit Mietern nicht so günstig ausfallen wie ursprünglich erhofft. Dann werden gerade diese Leute umso entschiedenere Befürworter einer Nichtvermietung.

Die Erfahrung zeigt, dass manche Mieter glauben, eine gemietete Wohnung möglichst schnell abwohnen zu müssen, d. h. auf Einrichtungsgegenstände und sonstige Ausstattung wird wenig Rücksicht genommen. Die Abnutzung und die Schäden, die dadurch entstehen können, lassen sich nicht immer über die Mietpreise hereinholen. Deshalb ist auf die Mieterauswahl, Vorauszahlungen und Kautionen zu achten. Wer jemanden vor Ort einschaltet, kann das Pech haben, dass dieser teilweise schwarz vermietet und das Geld in seine eigene Tasche steckt. Eine effiziente Kontrolle von Deutschland aus ist kaum möglich.

Zu bedenken ist auch, dass die Vermietung meist nur in der Hochsaison gewährleistet ist, außerdem geht der Vorteil, dass die eigene Immobilie zu jeder Zeit selbst genutzt werden kann, verloren. Einer eventuell eingeschalteten Vermietungsgesellschaft müssen Sie meist lange vorher mitteilen, wann Sie die Immobilie nutzen wollen.

Rendite?

Immer wieder geht es um die Frage, ob die Vermietung der Ferienimmobilie eine gute Rendite biete. Manche wollen die Immobilie möglichst oft touristisch vermieten in der Hoffnung, dass sie die Wohnung dann bis zum Beginn der eigenen Nutzung – meist zusammenfallend mit dem Ruhestand – abbezahlt haben. Andere wollen die Ferienimmobilie trotz finanzieller Engpässe mittels Vermietung finanzieren. Wer nicht vermietet, spekuliert eventuell auf einen Wertzuwachs beim späteren Verkauf.

Jedenfalls habe ich in all den Jahren keine realistische und vollständige Einnahme-Überschuss-Rechnung über die touristische Vermietung einer spanischen Ferienwohnung mit einer guten Rendite gesehen. Falls Sie eine solche Rechnung mit kalkulatorischen Kosten für den eigenen Zeitaufwand vorliegen haben, bitte ich um Zusendung. Es bleibt im Übrigen zu hoffen, dass Teile der deutschen Medienlandschaft beim Thema Rendite zu einer realistischeren Berichterstattung finden.

4.4.2 Dauerhafte Vermietung

Käufe von Wohnungen für eine dauerhafte Vermietung sind die große Ausnahme. Dafür gibt es genügend Gründe. Das Mietrecht in Spanien ist noch restriktiver als das deutsche Mietrecht, außerdem funktioniert die spanische Justiz nicht gut. Und um ein Steuersparmodell handelt es sich auch nicht. Wer ein Haus oder eine

Wohnung als Kapitalanlage zur dauerhaften Vermietung erworben hat, mag über Jahre hinweg Einnahmen erzielen. Wenn man aber nur einmal mit einem Mieter Pech hat, hat man unter Umständen so hohe Ausgaben, dass diese den Vermietungserfolg von einigen Jahren kaputtmachen können. Gerade bei Dauermietern bleibt oftmals nur die Zahlung einer Ablösesumme, um diese zum Auszug zu veranlassen. Der Mieter weiß um seine Möglichkeiten und wird möglichst hoch pokern.

Auch wenn die Rechtslage eindeutig zugunsten des Eigentümers sein sollte, ist es oftmals nicht sinnvoll, sich auf einen Prozess einzulassen, sondern das für Anwälte und Gerichte vorgesehene Geld dem Mieter dafür zu bezahlen, dass er möglichst schnell auszieht.

Denn Recht haben und Recht bekommen ist schon schwierig, fast unmöglich ist es aber, sein Recht in kurzer Zeit zu bekommen.

Der Verwaltungsaufwand für eine einzelne dauerhaft vermietete ausländische Wohnung ist in der Regel viel höher, da schon nur eine einzige Stippvisite zur Wohnung vergleichsweise hohe Kosten und einen hohen Zeitaufwand verursacht.

4.5 Laufende spanische Besteuerung

4.5.1 Übersicht

Man hört immer mal wieder, dass für die gekaufte Immobilie diese oder jene spanische Steuer nicht bezahlt werde. Das ist durchaus möglich, weil die steuerliche Erfassung nicht überall funktioniert. Die steuerlichen Pflichten sind aber ganz eindeutig, Ausreden werden kaum verfangen, wenn der spanische Fiskus im Einzelfall aktiv werden sollte.

Zu prüfen ist generell bei Auslandsbesitz auch die Frage, ob dieser in Deutschland zu versteuern ist, Einzelheiten dazu unter 4.6.

In Spanien kommen in Betracht die spanische Grund-, Einkommen- und Vermögensteuer im Falle der Eigennutzung und/oder Vermietung, eventuell im Falle einer „gewerblichen“ Vermietung auch Umsatzsteuer, wobei die Abgrenzung gewerblich oder nicht mit der deutschen Definition nicht gleichgesetzt werden darf. Jedenfalls zählt die übliche direkte private touristische Vermietung (höchstens Endreinigung und Wäschewechsel vor- bzw. nachher) nicht als gewerbliche Vermietung, weshalb auch keine spanische Umsatzsteuer anfällt.

Die nationale Steuerverwaltung – *Agencia Estatal de Administración Tributaria* – findet sich unter www.aeat.es, zwar nicht in deutscher Sprache, aber teilweise in englischer.

Steuerlicher Vertreter für Immobilienbesitzer nicht vorgeschrieben

Wer keinen Wohnsitz in Spanien hat, dort aber Geschäfte macht oder Vermögen besitzt, ist grundsätzlich verpflichtet, eine Person als steuerlichen Vertreter zu benennen.

Dies gilt aber zumindest nicht für Privatpersonen, die in Spanien nur eine Immobilie besitzen.

Je nach Einzelfall kann aber die Einschaltung eines Fiskalvertreters sinnvoll sein. Dieser vertritt dann die steuerpflichtige Person direkt gegenüber dem Finanzamt und nimmt auch Zustellungen entgegen.

Zweitwohnsitz oder Hauptwohnsitz?

Wenn Sie Ihren Hauptwohnsitz offiziell in Spanien nehmen, sind Sie dort unbeschränkt steuerpflichtig, d. h. grundsätzlich mit Ihrem gesamten Welteinkommen. Sie sind dann auch grundsätzlich verpflichtet, in Spanien eine umfassende Einkommensteuer- und Vermögensteuererklärung abzugeben. Haben Sie aber – wie bei Ferienimmobilien üblich – weiterhin ihren Hauptwohnsitz in Deutschland, so sind Sie in Spanien beschränkt steuerpflichtig. Dann müssen Sie in Spanien nur Steuern für die dortigen Vermögensgegenstände und das dortige Einkommen bezahlen.

Typische Beispiele für die laufende Besteuerung

Fall 1: A und B sind Eigentümer einer Immobilie in Spanien, beide Eigentümer haben ihren steuerlichen Hauptwohnsitz außerhalb Spaniens, nämlich in Deutschland. Die Immobilie wird von ihnen hin und wieder als Feriensitz genutzt und nicht vermietet.

Zu zahlen sind: In Spanien die gemeindliche Immobiliensteuer („Grundsteuer“) und Einkommensteuer auf die Eigennutzung, eventuell auch Vermögensteuer (Freibetrag z. Zt. 700.000 Euro). In Deutschland fällt keine Steuer an.

Fall 2: A und B sind Eigentümer einer Immobilie in Spanien, beide Eigentümer haben ihren steuerlichen Hauptwohnsitz außerhalb Spaniens, nämlich in Deutschland. Die Immobilie wird von Ihnen hin und wieder als Feriensitz genutzt, ansonsten hin und wieder kurzfristig vermietet.

Zu zahlen sind: In Spanien die gemeindliche Immobiliensteuer („Grundsteuer“) und die zentralstaatliche Einkommensteuer auf die Eigennutzung und die Vermietung, eventuell auch Vermögensteuer.

In Deutschland fällt im Falle von privater Vermietung und Verpachtung Einkommensteuer an, die spanische Steuer kann aber anteilig angerechnet („Anrechnungsmethode“) werden.

Fall 3: A und B sind aus Deutschland nach Spanien umgezogen und Eigentümer einer Immobilie in Spanien. Beide Eigentümer haben ihren steuerlichen Hauptwohnsitz in Spanien und nutzen die Immobilie selbst.

Zu zahlen sind: In Spanien grundsätzlich Grundsteuer, Einkommensteuer und Vermögensteuer. In Deutschland fällt „natürlich" keine Steuer für die spanische Immobilie an.

Auslandsvermögen: Offenlegungspflicht für ansässige Ausländer

Ferienimmobilien- bzw. Zweitwohnungsbesitzer ohne Hauptwohnsitz in Spanien sind von dieser Deklarationspflicht nicht betroffen.

Von den Ausländern, die als Ruheständler oder Aussteiger in Spanien dauerhaft leben, sind wohl die meisten nicht offiziell gemeldet, obwohl sie sich anmelden müssten bzw. schon längst hätten anmelden müssen.

Bei Spaniern, der wichtigsten Zielgruppe, will man sicherlich vorrangig nichtversteuertes und nichtsauberes Geld aus Straftaten, Korruption, Geldwäsche und Schwarzgeld ans Tageslicht bringen. Bei ansässigen ausländischen Ruheständlern und Aussteigern wird es eher um laufende Kapitalerträge und die Rente gehen, die nicht immer versteuert werden.

Es gibt also für diesen Personenkreis die grundsätzliche Pflicht zur Erklärung des gesamten außerhalb Spaniens befindlichen Vermögens, die sogenannte *Declaración informativa sobre bienes y derechos situados en el extranjero*, d. h. die Auskunftserklärung über Vermögenswerte und Rechte im Ausland. Davon zu unterscheiden ist die Frage, wo diese Vermögenswerte zu versteuern sind.

4.5.2 Spanische Grundsteuer – *Impuesto de Bienes Inmuebles – IBI*

Für die lokale Grundsteuer ist keine jährliche Steuererklärung abzugeben. Vielmehr kann man diese abbuchen lassen. Die Gemeinden sind an der Bezahlung sehr interessiert, da sie von dieser Steuer profitieren. Nichtsdestoweniger mag es Eigentümer geben, die keine Grundsteuer bezahlen, weil zum Beispiel die Wohnanlage eigentumsrechtlich noch nicht aufgeteilt ist oder die Gemeinde nachlässig ist bei der Eintreibung der Steuer.

Für die Bezahlung der Grundsteuer gibt es je nach Gemeinde unterschiedliche Zahlungsfristen. Meist läuft die Frist im September oder Oktober ab (Madrid: 1.10.19–2.12.19, falls nicht rechtzeitig bezahlt wird, Säumniszuschläge zwischen 5 und 20 Prozent).

Aufgrund der hohen Preissteigerungen in der Vergangenheit wurden vielerorts die Katasterwerte nach oben revidiert. Zwischenzeitlich, nach dem sehr starken Preisrückgang im Zusammenhang mit der Immobilienkrise und trotz eines zwischenzeitlichen Anstiegs, sind diese teilweise überhöht, so dass die Grundsteuer eigentlich zu hoch ausfällt. In manchen Orten gibt es Bürgerinitiativen, die für niedrigere Grundsteuersätze oder eine erneute Revidierung der Katasterwerte demonstrieren, wovon auch ausländische Immobilienbesitzer profitieren können.

Empfehlenswert ist es, seiner Bank einen Dauerauftrag zu erteilen und die jährlich anfallende Grundsteuer abbuchen zu lassen („*Orden de domiciliación bancaria*“ ist auszufüllen und an die Gemeinde zu schicken). Die Grundsteuer betrifft sowohl Grundstück als auch Haus oder Wohnung. Die Bemessungsgrundlage bemisst sich nach dem Katasterwert (*valor catastral*), der Steuersatz kann von den Gemeinden mittels Hebesatz erhöht werden. Sie müssen deshalb die Höhe der Grundsteuer bei der Gemeinde oder dem jetzigen Eigentümer erfragen, falls Sie vorweg wissen wollen, wie hoch die Grundsteuer ausfällt. Die Steuersätze betragen zwischen 0,3 % bis 1,1 % je nach Art der Immobilie zuzüglich der zulässigen Zuschläge. An der *Costa Blanca* gibt es eine gesonderte Agentur für die Einziehung von Steuern, auch gemeindlicher Steuern, aber nicht der Einkommensteuer, nämlich die *Suma Gestión Tributaria*, meist nur *Suma* genannt (www.suma.es).

4.5.3 Spanische Einkommensteuer – *Impuesto sobre la renta de las personas físicas*

Wer die Immobilie nur selbst nutzt, also nicht vermietet, zahlt Einkommensteuer auf die Eigennutzung, wer vermietet, auch auf die Vermietungseinkünfte.

Wer seinen Hauptwohnsitz im Ausland hat, gilt als *no residente* und kann bzw. muss das zweiseitige Formular 210 – *Impuesto sobre la Renta de no residentes* – für die Einkommensteuer auf die Eigennutzung mit dem Vordruck im Internet ausfüllen und ausdrucken oder kann es auch über das Internet unter bestimmten Voraussetzungen verschicken. Dies alles läuft unter dem nicht kundenfreundlichen Motto: „Desaparece el papel preimpreso“ (Das vorgedruckte Papier verschwindet). Am einfachsten ist es, jemanden vor Ort mit der Einkommens- und eventuellen Vermögensteuererklärung zu beauftragen.

Eigennutzung

Für die Bewertung der Immobilie für Zwecke der Besteuerung der Eigennutzung wird als Ausgangspunkt der Katasterwert genommen, wobei vom aktuellen Katasterwert 1,1 % genommen werden, wenn der Katasterwert in den letzten zehn Jahren angepasst wurde, andernfalls 2 %. Das ergibt das sogenannte fiktive Einkommen aus der Eigennutzung. Der Steuersatz beträgt seit 2016 für EU/Island/Norwegen-Bürger 19 %, für Bürger aus anderen Ländern 24 %.

Im Ergebnis ergeben sich circa 0,2 % im Falle eines aktuellen Katasterwertes (Beispiel: 200.000 Euro × 1,1 %, 2.200 Euro × 19 % = 418 Euro ESt).

Vermietung und spanische Einkommensteuer

Wenn Sie die spanische Immobilie vermieten, sind Sie verpflichtet, das daraus erzielte Einkommen in Spanien zu versteuern, wenn Sie eigennutzen und vermieten, müssen Sie aufteilen.

Im Gegensatz zu früheren Jahren dürfen EU-Bürger Ausgaben mit Einnahmen verrechnen (also Netto- statt Bruttobesteuerung). Allerdings kann das Finanzamt ordnungsgemäß erstellte Rechnungen verlangen.

Gemischte Nutzung (Eigennutzung und teilweise Vermietung): Wenn die Vermietung nur für einen Teil des Jahres erfolgt, ergeben sich die zu erklärenden Einkünfte aus der Miete und der Berechnung für den Zeitraum der Eigennutzung wie oben erläutert. Im Falle eines steuerlichen Hauptwohnsitzes in Spanien gibt es u. a. beschränkte Abzugsmöglichkeiten bei der Durchführung von energetischen Maßnahmen. Allgemein gilt: Steuerliche Vorteile für den Bau und die Sanierung usw. von Immobilien gibt es in aller Regel nur für in Spanien ansässige Personen und Gesellschaften.

Die Einkommensteuer ist bis zum 31.12. des laufenden Jahres für das Vorjahr zu bezahlen. Es ist jedes Jahr eine Steuererklärung mit dem vereinfachten Formular – *modelo* – 210 abzugeben (www.agenciatributaria.es).
Im Falle einer Vermietung ist eine vierteljährliche Steuererklärung jeweils im April, Juli, Oktober und Januar abzugeben.

Tipp

Falls die Immobilie über einen gewerblichen Vermittler angeboten und Einkommensteuer einbehalten wird, sollten Sie im Zusammenhang mit der Jahressteuererklärung nachprüfen, ob die Steuer auch abgeführt wurde und ob eventuell ein Erstattungsanspruch besteht, wenn Sie Ihre Ausgaben gegenrechnen.
Insbesondere im Falle einer Vermietung empfiehlt es sich, ein Büro mit der Erstellung der Einkommensteuererklärung(en) zu beauftragen.

4.5.4 Vermögensteuer – *Impuesto sobre Patrimonio*

Die vorübergehend ausgesetzte und dann wieder eingeführte Vermögensteuer wird für Zweitwohnungsbesitzer meist keine Rolle spielen.

Für nichtresidente Zweitwohnungsbesitzer aus Nicht-EU-Ländern kommen die zentralstaatlichen Vorschriften zur Anwendung. Die folgenden Ausführungen beschränken sich auf Zweitwohnungsbesitzer aus EU-Ländern. Für Steuerpflichtige mit Hauptwohnsitz in Spanien gelten ebenfalls etwas andere Vorschriften.

Nichtresidente EU-Bürger

Zuerst stellt sich die Frage, in welcher *Comunidad Autónoma* die Immobilie belegen ist und ob es dort gesonderte Regelungen hinsichtlich Freibetrag und Steuersatz usw. gibt, die gegebenenfalls zur Anwendung kommen und eventuell noch günstiger als die zentralstaatliche Regelung (in der *Comunidad de Madrid* fällt gar keine Vermögensteuer an für nicht residente EU-Bürger an).

Gibt es diese gesonderte Regelung nicht oder ist sie ungünstiger, kommen die zentralstaatlichen Vorschriften zur Anwendung: Der Freibetrag beträgt 700.000 Euro, für einen Hauptwohnsitz gibt es einen gesonderten Freibetrag von 300.000 Euro, die Steuersätze betragen zwischen 0,2 und 3,5 Prozent.

Tipp

Die Freibeträge gelten je Person, sodass beispielsweise bei Ehegatten, die beide Miteigentümer der spanischen Immobilie jeweils zur Hälfte sind, auch beide Ehegatten jeweils den Freibetrag hinsichtlich ihres Anteils gesondert geltend machen können, also mindestens jeweils 700.000 Euro oder der eventuell günstigere Freibetrag der betreffenden *Comunidad* (siehe obiges Beispiel Madrid).

Bewertung und Fristen

Nur bei einem Vermögen von über zwei Millionen Euro muss auf jeden Fall eine Vermögensteuererklärung – *modelo 714* – abgegeben werden. Darlehen im Zusammenhang mit dem Kauf, Bau oder Sanierung usw. kann gegengerechnet werden, muss aber auch belegt werden können.

Bemessungsgrundlage ist bei Immobilie in aller Regel der Katasterwert, die Steuer für das jeweilige Jahr ist im Folgejahr zu bezahlen, also die Steuer für 2018 in 2019, der maßgebliche Stichtag für die Bewertung des Vermögens bzw. der Immobilie und der Besteuerung in diesem Fall der 31.12.2018. Die Frist für die Einreichung der Vermögensteuererklärung ist der 30.6. jeden Jahres.

4.6 Laufende deutsche Besteuerung einer spanischen Immobilie

4.6.1 Übersicht

Eigennutzung in Deutschland steuerfrei

Die Eigennutzung einer spanischen Immobilie unterliegt keiner deutschen Steuer.

Keine Meldepflicht

Sie sind auch nicht verpflichtet, den Kauf und den Besitz der spanischen Immobilie an das deutsche Finanzamt zu melden. Falls aber das deutsche Finanzamt „zufällig" davon erfährt, könnte es durchaus nachfragen, woher das Geld für den Kauf stammt. Handelte es sich um unversteuertes Geld, dürfte es Probleme geben.

Nutzung einer spanischen SL-Immobilie steuerpflichtig

Zu diesem Thema gibt es eine sehr unerfreuliche Entscheidung des BFH, wonach die kostenlose Nutzung der Immobilie einer spanischen GmbH bzw. *S.L.*, *sociedad limitada*, in Deutschland als verdeckte Gewinnausschüttung einkommensteuerpflichtig ist (siehe dazu mehr in Kapitel 2).

Steuerabzug für haushaltsnahe Dienstleistungen

Diese deutsche Steuerermäßigung bzw. der Steuerabzug kann auch dann in Anspruch genommen werden, wenn das Beschäftigungsverhältnis, die Dienstleistung oder die Handwerkerleistung in einem in der Europäischen Union oder dem Europäischen Wirtschaftsraum liegenden Haushalt des Steuerpflichtigen, also auch bei spanischen Ferienimmobilien, oder – bei Pflege- und Betreuungsleistungen – der gepflegten oder betreuten Person ausgeübt oder erbracht wird. Das Heim oder der Ort der dauernden Pflege muss in der Europäischen Union oder dem Europäischen Wirtschaftsraum liegen. Wie die Bundesregierung aber schon vermutet hat, wird sich diese Einbeziehung von Auslandsimmobilien nicht sehr stark auswirken, da die meisten Steuerpflichtigen diese Steuerersparnis ganz oder teilweise mit Rechnungen aus dem Inland werden geltend machen können.

Schwarzarbeit ist in Spanien verbreitet. Dass spanische Handwerker immer eine Rechnung ausstellen wollen, darf nicht erwartet werden. Hinzu kommt noch, dass die Rechnung nicht bar bezahlt werden darf und die spanische Rechnung übersetzt werden muss, wenn dies das deutsche Finanzamt verlangt.

4.6.2 Private Vermietung des Zweitwohnsitzes steuerpflichtig

Die private Vermietung des spanischen Zweitwohn- bzw. Ferienwohnsitzes unterliegt der deutschen Einkommensteuer, vorteilhafterweise darf aber die in Spanien angefallene und gezahlte Einkommensteuer bei der deutschen Einkommensteuer anteilig angerechnet werden.

Es sind also insgesamt zwei Einkommensteuererklärungen abzugeben, eine gemäß den spanischen Vorschriften und eine gemäß den deutschen. Aufgrund der unterschiedlichen Vorschriften dürfte es in der Regel auch zu unterschiedlichen positiven oder negativen Überschüssen kommen.

Zusätzliche Formulare und Einnahme-Überschuss-Rechnung

Es müssen zusätzliche Formulare ausgefüllt werden, nämlich die Formulare V (Einkünfte aus Vermietung und Verpachtung) und AUS (Ausländische Einkünfte) der Einkommensteuererklärung und auch eine Einnahme-Überschuss-Rechnung zur Ermittlung der Vermietungseinkünfte erstellt werden.

Von den Einnahmen abzugsfähig sind u. a. (Aufzählung nicht vollständig) Schuldzinsen (ohne Tilgungsbeiträge) aus Darlehen für die Finanzierung der Immobilie, Geldbeschaffungskosten (Schätz-,Notar- und Grundbuchgebühren), Erhaltungsaufwendungen, die entweder sofort voll abziehbar oder auf bis zu 5 Jahre zu verteilen sind, Grundsteuer, Straßenreinigung, Müllabfuhr, Wasserversorgung, Entwässerung, Hausbeleuchtung, Heizung, Warmwasser, Schornsteinreinigung, Hausversicherungen, Hauswart, Treppenreinigung, Fahrstuhl, Verwaltungskosten usw.

Tipp

Überlegen Sie sich vor der Beauftragung eines Handwerkers, ob Sie eine Rechnung und einen Nachweis der Bezahlung für das deutsche Finanzamt benötigen.

AfA – Abschreibung für Abnutzung

Die AfA, also die Abschreibung für die Abnutzung des Gebäudes (für das Grundstück gibt es normalerweise keine Abschreibung), sollte bei Ferienimmobilien im Falle einer „leichteren" Bauweise eigentlich höher angesetzt werden dürfen als bei normalen Wohnimmobilien.

Dafür gibt es aber keine spezielle Vorschrift, weshalb der deutsche Finanzbeamte eventuell erst noch überzeugt werden müsste, falls man drei oder noch mehr Prozent abschreiben will. Da gibt es im Normalfall wenig Hoffnung.

Die AfA für Wohngebäude beträgt in Deutschland zwei Prozent (in Spanien zwei oder drei Prozent), die degressive Abschreibung ist abgeschafft worden (Ausnahme „Altfälle").

Genau formuliert beträgt bei einem nach dem 31.12.1924 fertig gestellten Gebäude der AfA-Satz jährlich 2 % (lineare Abschreibung über 50 Jahre).

Soweit ein Gebäude oder eine Eigentumswohnung unentgeltlich erworben wurde, ist die Absetzung für Abnutzung nach dem Prozentsatz vorzunehmen, der für den Rechtsvorgänger maßgebend sein würde, wenn er noch Eigentümer wäre.

Gemischte Nutzung: Kosten müssen aufgeteilt werden

Wenn Sie die Ferienimmobilie teilweise selbst nutzen und teilweise vermieten, müssen die Kosten und die Abschreibung aufgeteilt werden bzw. kann eben nur der Anteil der Kosten für die Vermietung gewinnmindernd geltend gemacht werden. „Erzielen" Sie Verluste, dann können diese grundsätzlich geltend gemacht werden. Es muss aber immer damit gerechnet werden, dass das deutsche Finanzamt Liebhaberei unterstellt, d. h. dass Sie keine Gewinnerzielungsabsicht haben, und das Finanzamt deshalb die Geltendmachung der Verluste ablehnt.

Vermietung einer Ferienwohnung als Gewerbebetrieb

Gewerbliche Einkünfte aus der Vermietung der Ferienwohnung und nicht Einkünfte aus privater Vermietung und Verpachtung können gemäß deutschem Steuerrecht vorliegen, wenn es sich um eine Ferienwohnanlage mit voll eingerichteten Wohnungen für die touristische Vermietung durch eine Organisation und einer hotelähnlichen Bewirtschaftung mit anwesendem Personal handelt.

Ein Gewerbebetrieb ist auch anzunehmen, wenn eine hotelmäßige Nutzung der Ferienwohnung vorliegt oder die Vermietung nach Art einer Fremdenpension erfolgt. Ausschlaggebend ist, ob wegen der Häufigkeit des Gästewechsels oder im Hinblick auf zusätzlich zur Nutzungsüberlassung erbrachte Leistungen, z. B. Bereitstellung von Wäsche und Mobiliar, Reinigung der Räume, Übernahme sozialer Betreuung, eine Unternehmensorganisation erforderlich ist, wie sie auch in Fremdenpensionen vorkommt.

Die Abgrenzung zwischen Gewerbebetrieb und privater Vermietung und Verpachtung kann im Einzelfall sehr schwierig sein.

Tipp

Wer seine Ferienwohnung vermietet ohne zusätzliche Dienstleistungen mit Ausnahme einer Endreinigung hat jedenfalls nur Einkünfte aus privater Vermietung und Verpachtung.

4.7 Die Nachbarschaft

Wenn der Nachbar macht, was er gerade will …

Es kann der Frömmste nicht in Frieden leben, wenn es dem (bösen) Nachbar nicht gefällt. So oder so ähnlich lautet das Schiller-Zitat, das auch in Spanien seine Berechtigung hat.

Bei Nachbarstreitigkeiten handelt es sich meist um die Themen Verlauf von Grundstücksgrenzen, Baumaßnahmen des Nachbarn oder Lärm (siehe Kapitel 2), der vom Nachbargrundstück ausgeht.

Bei Nachbarstreitigkeiten kommen eventuell sogar regionale Vorschriften und bei Eigentumswohnungen und Urbanisationen auch das WEG-Gesetz oder eine Satzung zur Anwendung, was die Angelegenheit auch juristisch erschweren kann.

Nachbarn als Kontaktleute und Aufpasser

Andererseits gibt es auch in Spanien gute Nachbarn, ob im Apartmenthaus oder auf dem Nachbargrundstück, die umso wertvoller sind, je seltener ein Eigentümer vor Ort ist. Prädestiniert sind als Kontaktpersonen vor Ort Rentner und Pensionäre, die sich oftmals längere Zeit dort aufhalten, oder Service-Agenturen, die Dienstleistungen für Immobilien anbieten. Solche Anbieter finden sich weniger im Internet als in den deutschsprachigen Zeitungen vor Ort.

Es reicht aber auch eine nicht in der unmittelbaren Nachbarschaft befindliche Kontaktperson, wenn sie hin und wieder nach der Immobilie schaut. Wohnungseigentümer könnten auch mal bei der Verwaltung nachfragen.

Wenn Nachbarn bauen oder anbauen

Ein rechtlicher Unterschied ist sehr wichtig. Es gibt auf der einen Seite öffentlich-rechtliche Bauvorschriften (z. B. Vorschriften über die maximale Höhe, Geschoßzahl, Wohnfläche, Bebauungspläne) und auf der anderen Seite zivilrechtliches Nachbarrecht (so auch in Deutschland). Ein Bauherr muss also darauf achten, dass er die Vorschriften aus beiden Rechtsbereichen einhält. Und er muss wissen, dass die Baugenehmigung nicht die Prüfung der zivilrechtlichen Vorschriften berücksichtigt bzw. beinhaltet. Zivilrechtliche Vorschriften sind im spanischen Zivilgesetzbuch – *Código Civil* – enthalten. Wenn also eine Baugenehmigung vorliegt, aber dem Nachbar eine Baumaßnahme nicht passt, hat der Nachbar vielleicht noch eine Chance, über zivilrechtliche Vorschriften gegen das Bauvorhaben vorgehen zu können.

Tipp

Wenn für Sie die strittige Angelegenheit von großer Bedeutung ist, sollten Sie umgehend einen Fachmann einschalten, um keine Fristen zu verpassen und vollendete Tatsachen zu vermeiden. Je nach Fallgestaltung kommen ein Rechtsanwalt und/oder ein Architekt/Gutachter in Frage. Wird die eingeschaltete Behörde in Ihrem Sinne aktiv, ist das sehr erfreulich und für Sie weniger aufwendig als umfangreiche eigene Aktivitäten. Dennoch sollten Sie auf fachliche Beratung und Begleitung nicht verzichten, auch im Hinblick des Kontaktes zur Behörde.

Vorliegen und Umfang einer Baugenehmigung prüfen

Zwar gibt es sehr kleine Baumaßnahmen – *obras menores*, für die eine Baugenehmigung nicht notwendig ist. Dies bedeutet aber nicht, dass sich der „Bauherrr" nicht an Vorschriften halten müsste. Handelt es sich um einen Neu- oder Anbau, der das Haus vergrößert, kann man von einer Genehmigungspflicht ausgehen. Ein typisches Beispiel: durch einen Anbau wird die Sicht des Nachbarn versperrt, es stellt sich die Frage, ob der Anbau bau- (z. B. Bauvolumen schon ausgeschöpft) oder zivilrechtlich (z. B. Grenzabstand eingehalten?) verhindert werden kann.

Vorneweg sollte sich der betroffene Eigentümer über das eventuelle Vorliegen und den Umfang der Baugenehmigung informieren. Es ist ja durchaus denkbar, dass eine Genehmigung gar nicht vorliegt, weil eben „schwarz" gebaut wird. Dann gilt es eigentlich „nur", die Baubehörde auf Trab zu bringen, was in Spanien aber nicht immer einfach ist. Man wird nicht umhin kommen, jemanden vor Ort damit zu beauftragen, der die Behörde zu aktivieren versucht.

Denkbar ist auch, dass eine Baugenehmigung vorliegt, aber der Bau oder Anbau über die Genehmigung hinausgeht. Auch dann müsste die Baubehörde einschreiten. Als betroffener Nachbar haben Sie das Recht, sich bei der Gemeinde über das Bauprojekt informieren zu dürfen. Dies ist völlig unstreitig. Die Vorsprache und den Abgleich von Genehmigung und Ausführung sollte man aber einem professionellen Dienstleister überlassen, also einem Architekten oder Rechtsanwalt, je nach Schwerpunkt der Problematik.

Baufällige Gebäude und umstürzende Bäume

Wenn Gebäude oder Mauern einzustürzen drohen, ist der Eigentümer verpflichtet, den Einsturz zu verhindern oder abzureißen. Macht er dies nicht, ist die Verwaltungsbehörde verpflichtet, dies zu tun. Ob sie aber aktiv wird, ist eine andere Frage. Wird ein Nachbar bzw. dessen Grundstück beschädigt, besteht ein zivilrechtlicher Schadenersatzanspruch. Bäume, die umzustürzen drohen, muss der Eigentümer fällen, falls die Gefahr droht, dass Schäden an fremden Grundstücken oder Personen entstehen. Andernfalls ist wieder die Verwaltungsbehörde gefragt und verpflichtet.

Grenzstreitigkeiten

Lassen sich Grundstücksgrenzen nicht anhand von – aktuell gültigen – markanten Punkten, Grenzsteinen oder Mauern erkennen, muss vor dem Kauf mit den Nachbarn gesprochen und der Grenzverlauf abgeklärt werden. Eventuell geht es nicht ohne Neuvermessung ab.

Jedenfalls sollte man im Normalfall nicht auf die meist sehr vagen Grenzbeschreibungen in den notariellen Verträgen und im Grundbuch vertrauen, diese helfen meist nicht weiter. Katasterauszüge können dagegen sehr behilflich sein.

Tipp

Wurde die Abklärung der Grundstücksgrenzen oder die Neuvermessung vor dem Kauf versäumt und ein Teil des vermeintlich „eigenen" Grundstücks gehört dem Nachbarn, käme noch der Kauf des Nachbargrundstücks oder eines Teils davon in Frage (falls eine Abtrennung rechtlich zulässig ein sollte), ersatzweise auch die Zahlung einer Pacht oder Miete, oder die Zahlung einer Abstandssumme für die eventuell notwendige Zustimmung zu einer Baumaßnahme.

Kommt es zu keiner Einigung mit dem Nachbarn und ist der Grenzverlauf strittig, mag ein Prozess nicht zu vermeiden sein. Hinzu kommt noch die Frage, ob der Verkäufer schadenersatzpflichtig ist. Deshalb nochmals die Empfehlung, im Zweifel vor dem Kauf Geld für eine Vermessung und Zeit für Gespräche mit den Nachbarn zu investieren.

5 Eigentumswohnungen und Urbanisationen

5.1 Immobilieneigentum in einer oder mehreren Gemeinschaften

Eigentumswohnungen und Urbanisationen sind schon in den vorherigen Kapiteln erwähnt worden, dieses Kapitel dient als Ergänzung mit speziellen Aspekten.

Unzählig und geradezu typisch für Spanien sind die an den Küsten befindlichen Apartmenthäuser mit Eigentumswohnungen und Urbanisationen mit Ferienhäusern, konzipiert und gebaut für sonnenhungrige Ausländer.

Urbanisationen in Spanien lassen sich als Ansiedlungen von Ein-, Zwei- und Mehrfamilienhäusern, aber auch von Apartmentkomplexen mit Eigentumswohnungen außerhalb der Ortskerne – *zonas residenciales situadas a las afueras de los núcleos urbanos* – beschreiben (Wikipedia), die irgendwann ein kommerzieller Bauträger in eigener Verantwortung erstellt und verkauft hat.

Das spanische Wohnungseigentumsgesetz spricht von *complejos inmobiliarios privados,* von privaten Immobilienkomplexen, auf die die Vorschriften des spanischen Wohnungseigentumsgesetzes ebenfalls zur Anwendung kommen. Darunter sind nicht nur die eben beschriebenen Ansammlungen von Häusern und Apartmentkomplexen zu verstehen, sondern auch übergeordnete Gemeinschaften verschiedener Wohnungseigentümergemeinschaften, die gemeinsame Einrichtungen nutzen und verwalten, z. B. Wege, Sportanlagen, Dienstleistungen usw.

Gemäß Art. 2 kommt das Gesetz u. a. auch auf „Urbanisationsgemeinschaften zur Erhaltung ....“ – *a las entidades urbanísticas de conservación en los casos en que así lo dispongan sus estatutos* – zur Anwendung, wobei es sich um Urbanisationsgemeinschaften nach der Fertigstellung zur Erhaltung handelt und dies in den Statuten vorgesehen ist.

Wer also ein Haus oder eine Wohnung in einer „Urbanisation“ besitzt, könnte Mitglied in einer oder – direkt oder indirekt – mehrerer Gemeinschaften sein, mit zusätzlichen Rechten, aber auch zusätzlichen Pflichten.

Sind Eigentümergemeinschaften besser oder schlechter als ihr Ruf? Die Antwort ist nicht so wichtig wie die Antwort auf die Frage, ob eine Eigentümergemeinschaft oder eine Urbanisation im konkreten Fall funktioniert. Das gilt es abzuklären, bevor eine Unterschrift geleistet wird, ebenso der allgemeine Zustand der Baulichkeiten.

Tipp

Wer sich in die juristische Materie einarbeiten will, findet mit dem Ratgeber „Wohnungseigentum und Urbanisationen in Spanien" einen fundierten Ratgeber für Eigentümer und Gemeinschaften (Löber, Huzel, Steinmetz, 6. Auflage, 2017, 284 Seiten, Edition für internationale Wirtschaft, www.edition-spanien.de).

Alleineigentum oder Sondereigentum

Bei Gebäuden mit vielen abgeteilten Wohnungen ist klar, dass es sich rechtlich gesehen um Eigentumswohnungen handelt, also Sondereigentum.

Viele Käufer von Doppelhaushälften oder Reihenhäusern unterliegen aber dem Irrtum, dass sie – „selbstverständlich" – Alleineigentum erwerben würden oder erworben haben, und merken dann erst nach dem Kauf, dass sie den Regelungen des Wohnungseigentumsgesetzes und eventuell einer Satzung unterworfen sind. Auch ein freistehendes Haus kann derartigen Regelungen dann unterworfen sein, wenn eine Teilungserklärung gemäß Wohnungseigentumsgesetz vorliegt. Praktisch gesehen muss dies nicht schlimm sein, bringt aber meist Einschränkungen bei der Fassadengestaltung, der Nutzung usw. und die Zahlung von Umlagen mit sich. Klären Sie vorher ab, ob Sie Mitglied einer (oder mehrerer) Gemeinschaft(en) werden.

Wichtig ist außerdem bei Wohnungseigentum die Unterscheidung von Sondereigentum – (*derecho singular y exclusiva*) und Miteigentum – *copropiedad*. Wohnungen und Geschäftslokale sind in aller Regel Sondereigentum, zum Gemeinschaftseigentum gehören Treppenhäuser, Aufzüge, Dächer, Außenfassade, Gartenflächen usw.

Spanisches WEG

Das spanische Wohnungseigentumsgesetz – *Ley sobre propiedad horizontal* – regelt die Rechtslage für Wohnungseigentum und die damit zusammenhängenden Fragen und gilt grundsätzlich auch für Urbanisationen.

Welche Befugnisse haben der Präsident und der Verwalter einer Eigentümergemeinschaft – *comunidad de propietarios*? Wer kann und wie muss eine Eigentümerversammlung einberufen werden? Wie darf und wie muss auf einer Eigentümerversammlung abgestimmt werden? Worüber darf die Eigentümerversammlung überhaupt entscheiden? Welche Rechte und Pflichten hat der einzelne Eigentümer? Wer muss was bezahlen?

Katalonische WEG-Vorschriften

Für Katalonien gibt es einige davon abweichende Vorschriften, die aus Platzgründen nicht näher erläutert werden. Soweit diese katalonischen Vorschriften keine Regelungen enthalten, gelten dann ergänzend die Vorschriften des oben erwähnten Wohnungseigentumsgesetzes.

5.2 Teilungserklärung, Satzung und Hausordnung – Artikel 5 und 6 WEG

In der notariellen Teilungserklärung– *División horizontal*, die beim Kauf einer Eigentumswohnung im Notarvertrag meist nur kurz erwähnt wird, wird das Gesamtgrundstück und jede einzelne Wohnung oder jeder Geschäftsraum beschrieben, jeweils bezeichnet mit einer fortlaufenden Nummer. Anzugeben sind jeweils die Größe, das Stockwerk und die dazu gehörenden Räume wie Garage, Speicher oder Keller. Sehr wichtig ist die jeweilige Beteiligungsquote für jede einzelne Wohnung, jedes Geschäftslokal usw., also für jede Einheit, die als Sondereigentum vorgesehen ist.

Die Quote dient unter anderem dazu, den Anteil an den gemeinschaftlichen Kosten der Gemeinschaft festzulegen. Die Eintragung der Teilungserklärung im Eigentumsregister ist möglich, wenn der Bau fertiggestellt ist oder zumindest begonnen wurde.

Ebenso ist darauf zu achten, wem ein eventuell geplanter Swimming-Pool oder Tennisplatz oder sonstige sogenannte Gemeinschaftseinrichtungen gehören werden. Viele Käufer haben schon große Augen bekommen, als Sie nach dem Einzug feststellen mussten, dass Swimming-Pool und Tennisplatz nicht der Gemeinschaft sondern dritten Personen, meist dem Bauträger oder einer seiner Gesellschaften, gehören und diese für die Nutzung kräftig abkassieren.

Nicht alle gesetzlichen Regelungen des Wohnungseigentumsgesetzes sind zwingend vorgeschrieben. Das bedeutet, dass manches in der Satzung der Eigentümergemeinschaft anders geregelt werden darf als dies im Gesetz vorgesehen ist. Deshalb gilt es schon beim

Kauf einer Eigentumswohnung darauf zu achten, was – falls vorhanden – in der Satzung steht. Von der Satzung zu unterscheiden ist eine eventuell existierende Hausordnung, die sich im Rahmen einer eventuell vorhandenen Satzung und des Wohnungseigentumsgesetzes bewegen muss. Es ist also nicht möglich, durch eine wie auch immer geartete Hausordnung die Bestimmungen der Satzung oder die gesetzlichen Vorschriften zu vermeiden bzw. auszuhebeln.

5.3 Welche Unterlagen und welche Informationen?

Wer sich eine Eigentumswohnung kauft, ob nun ein sogenanntes Studio oder ein Apartment oder eine Wohnung jeglicher Art, wird spätestens nach dem Kauf mit den in Eigentümergemeinschaften auftauchenden Fragen konfrontiert. Damit Sie aber schon vorher einen Einblick in die rechtlichen und praktischen Verhältnisse von Eigentümergemeinschaften bekommen, sollten Sie schon vor dem Kauf die folgenden Ausführungen durchlesen. Dies ist umso wichtiger, als Sie mit dem Kauf Zwangsmitglied in der betreffenden Eigentümergemeinschaft werden und aus dieser Eigentümergemeinschaft nur dadurch aussteigen können, dass Sie die Immobilie wieder verkaufen oder verschenken. Diese Ausführungen gelten grundsätzlich auch für Eigentümer von Geschäftslokalen, die zu einer Wohneigentumsanlage gehören und sich meist im Erdgeschoß befinden, ebenso auch für im Gebäude befindliche Büros.

Zu den Unterlagen und Informationen, die der Verkäufer oder der Vermittler vor der Unterschrift besorgen sollte, gehören neben einem

- aktuellen Grundbuchauszug
- Teilungserklärung (die allerdings –zig Seiten umfassen kann, eventuell reicht ein Auszug),
- Satzung (falls es eine gibt),
- Hausordnung,
- Nachweis der Zahlung der Grundsteuer,
- Protokolle der letzten Jahreshauptversammlungen,
- Höhe der jährlichen Umlagen,
- Vermögensstand, geplante und/oder notwendige Instandsetzungsarbeiten, an denen Sie sich als neuer Eigentümer beteiligen müssen, und
- eine Bescheinigung der Eigentümergemeinschaft bzw. der Verwaltung, dass keine Rückstände bestehen.

Tipp

Mit der Qualität der Verwaltung steht und fällt die Werthaltigkeit der Wohnanlage. Fragen Sie möglichst andere Eigentümer, wie gut oder schlecht die Verwaltung arbeitet. Wer hat bei den Eigentümerversammlungen das Sagen, was lässt sich aus den Protokollen erkennen? Falls noch keine Verwaltung vorhanden ist, wie arbeitet die vorgesehene Verwaltung in anderen Anlagen?

Im Übrigen ist bei Neubauten natürlich darauf zu achten, dass die vom Käufer während der Fertigstellung zu zahlenden Raten in Form einer Versicherungspolice oder Bankbürgschaft abgesichert sind, siehe dazu das Kapitel Bauen in Spanien.

5.4 Stichworte und Anmerkungen

Kaufvertrag – *contrato de compraventa:* Im Kaufvertrag wird nur kurz auf die Teilungserklärung und Satzung Bezug genommen, was darin steht, erfährt der Käufer höchstens, wenn er auf die Vorlage dieser Unterlagen pocht.

Teilungserklärung – *título constitutivo:* Bauträger behalten sich im Kaufvertrag und in der Teilungserklärung oftmals vor, Änderungen vornehmen zu können, ohne dass die Eigentümergemeinschaft noch zustimmen muss, oder behält das Eigentum an den Außenanlagen, um dann um so mehr z. B. für die Benutzung des Pools bei den Miteigentümern abkassieren zu können. Oder der Bauträger spricht von einer reinen Wohnanlage, behält sich aber im Vertrag oder der Teilungserklärung vor, Wohnungen in Gewerberäume umwandeln zu dürfen, was zusätzlichen Lärm tagsüber und nachts mit sich bringen kann.

Neubau: ein Kaufvertrag wird angeboten, ohne dass die Teilungserklärung und damit die Wohnung im rechtlichen Sinne existiert, der Käufer muss im Vertrag vorneweg zustimmen, dass der Bauträger diesbezüglich freie Hand hat und deshalb tun und lassen kann, was er gerade will. Es wird dies zu nutzen wissen, zum Nachteil der anderen Miteigentümer.

Verwaltung: die Verwaltung ist zu teuer, zu träge, Gemeinschaftsanlagen werden nicht gepflegt, in der Eigentümerversammlung findet sich keine Mehrheit für eine andere Verwaltung, weil sich die Verwaltung die Vollmachten von anderen Eigentümern besorgt hat, die Verwaltung gibt die Anschriften der anderen Eigentümer nicht heraus, so dass als Möglichkeit nur ein Prozess verbleibt, andere Mitglieder sind desinteressiert, so dass sich nichts ändert.

Präsident: der Präsident ist untätig oder nicht durchsetzungskräftig, oder der Präsident verfolgt eigene Ziele oder hat keine Zeit. Dies bedeutet meist, dass die Verwaltung das Sagen hat und macht, was sie will.

Instandhaltungsmaßnahmen: Uneinigkeit in der Eigentümergemeinschaft über die Durchführung von Instandhaltungsmaßnahmen, Verwaltung kassiert bei der Vergabe von Aufträgen ab, Handwerker werden von der Verwaltung nicht kontrolliert, Verwaltung kümmert sich nicht um die Beseitigung von Mängeln.

Wohngelder/Umlagen: Käufer haften für Schulden des Verkäufers bei der Eigentümergemeinschaft für das laufende und die letzten drei Jahre! Oftmals schlechte Zahlungsmoral der Miteigentümer, ausstehende Umlagen werden nicht eingetrieben, deshalb fehlt das Geld für notwendige Instandhaltungsarbeiten, die Wohnanlage verkommt, im schlimmsten Fall hoher Wertverlust.

Vermietung durch die Verwaltung: Kosten für die Vermietung werden eventuell unter Verwaltungskosten gebucht, die Eigentümer, die nicht vermieten, zahlen deshalb zu viel. Oder es wird schwarz vermietet, dem Eigentümer aber keine Einnahmen gutgeschrieben, da angeblich Leerstand.

Touristische Vermietung: Diese kurzfristige Vermietung an Touristen war schon früher ein Zankapfel zwischen denjenigen, die vermieten, und denjenigen, die nicht vermieten. Durch touristische Vermietungen werden nicht nur die Wohnungen sondern auch Gemeinschaftseinrichtungen schneller abgewohnt bzw. abgenutzt. Außerdem geht es meist lauter und „unbeschwerter" zu, als wenn nur Eigentümer die Wohnungen und Gemeinschaftseinrichtungen nutzen würden. Zum Thema touristische Vermietung insgesamt sei auf Kapitel 4 Eigennutzung, Vermietung und Steuern hingewiesen.

Versammlungen: Die Einladungen werden in den Briefkasten der spanischen Wohnung geworfen, die Eigentümer erfahren davon wegen all zu kurzer Fristen zu spät, dass eine Versammlung stattfindet; Vollmachten werden von der Versammlungsleitung aus fadenscheinigen oder berechtigten Gründen nicht akzeptiert; in der Versammlung wird Spanisch gesprochen, das viele Ausländer nicht verstehen, Kosten für einen Dolmetscher können zwar, müssen aber nicht von der Eigentümergemeinschaft übernommen werden; Beschlüsse werden vom Verwalter nicht umgesetzt, da sie angeblich rechtsfehlerhaft seien oder das Geld dafür fehlen würde.

Zusammenschlüsse von Eigentümergemeinschaften oder Urbanisationen: Für viele Käufer unerwartet kann es passieren, dass sie direkt oder indirekt Mitglied gleich mehrerer Gemeinschaften werden. Derartige Zusammenschlüsse – *Agrupaciónes de comunidades* – können durchaus sinnvoll und vorteilhaft sein, beispielsweise die gemeinsame Nutzung eines Swimming-Pools oder von Sportstätten durch mehrere Gemeinschaften, sie erschweren allerdings den Durchblick für Käufer und Besitzer.

5.5 Eigentümerversammlungen Art. 14 ff.

Eigentümerversammlung

Eine Eigentümerversammlung – *Junta de propietarios* – muss mindestens einmal jährlich stattfinden (Art. 16). Sie kann aber auch einberufen werden, wenn der Präsident oder ein Viertel der Miteigentümer oder Leute, die mindestens 25 % der Wohnungseigentumsanteile innehaben oder vertreten, eine Eigentümerversammlung verlangen. Im Zusammenhang mit der Einberufung müssen aber Formalitäten beachtet werden. Damit soll vermieden werden, dass Eigentümerversammlungen zum Beispiel zu kurzfristig angesetzt werden. Gerade Ausländer, die in Spanien Wohnungseigentum haben, können meist nicht teilnehmen. Laut Gesetz ist allerdings nur eine Frist von mindestens sechs Tagen für die ordentliche Jahreshauptversammlung erforderlich; für außerordentliche Versammlungen ist eine Frist in Tagen nicht bestimmt, vielmehr ist es laut Gesetz notwendig, dass alle Interessenten davon Kenntnis erlangen können. Ob es sich aber lohnt, an einer Eigentümerversammlung teilzunehmen, ist eine ganz andere Frage.

Laut Gesetz müssen Einladungen zu Versammlungen an den Wohnsitz des Eigentümers in Spanien erfolgen. Hat der Eigentümer keinen Wohnsitz in Spanien, so erfolgt die Zustellung an die zur Eigentümergemeinschaft gehörenden Wohnung des betreffenden Eigentümers. Praktisch bedeutet dies, dass der deutsche Wohnungseigentümer von der Einberufung einer Eigentümerversammlung nichts mitbekommt, wenn er sich in Deutschland befindet und die Einladung zur Versammlung im Briefkasten seiner Wohnung in Spanien gelandet ist. Will er also nicht von einer Eigentümerversammlung erst nachträglich erfahren, muss er sich entweder regelmäßig beim Präsidenten oder der Verwaltung erkundigen oder jemanden beauftragen, der nach seinem Briefkasten schaut und seine Post weiterleitet.

Aufgaben der Eigentümerversammlung

Die Eigentümerversammlung wählt den Präsidenten, wenn die Satzung einen Sekretär oder einen Verwalter vorsieht, auch den Sekretär oder Verwalter. Sie entscheidet u. a. auch über die Entlastung des Präsidenten und der Verwaltung. Ein ganz wichtiger Punkt und oftmals Anlass für Streit ist die Verabschiedung des Haushaltes für das kommende Jahr und die Billigung des Rechnungsabschlusses für das vorangegangene Jahr. Doch gehen die Aufgaben und Befugnisse der Eigentümerversammlung weit darüber hinaus, seien es Renovierungen, Sanierungen, Einbau von Aufzügen, Verbot touristischer Vermietung, Wachdienste, Barrierefreiheit usw.

Teilnahme an der Eigentümerversammlung – Artikel 15

An der Versammlung können sowohl die Eigentümer persönlich oder deren Vertreter teilnehmen, wobei letztere eine schriftliche Vollmacht vorlegen müssen. Wer aber bei der Eigentümergemeinschaft Schulden hat, darf nicht abstimmen, so ausdrücklich die gesetzliche Vorschrift. Wenn in der Eigentümerversammlung Streit herrscht und letztendlich entscheidend ist, wer mehr Vollmachten vorweisen kann, wird oftmals die Gültigkeit der vorgelegten Vollmachten bestritten, um dem Gegner „Stimmen abzunehmen“.

Bringt ein Eigentümer Vollmachten von anderen Eigentümern mit, die nicht kommen wollen oder können, und hat damit die Mehrheit in der Versammlung, könnte von interessierter Seite versucht werden, die Gültigkeit der Vollmachten zu bestreiten und diese bei einer Abstimmung nicht zu berücksichtigen. Wenn gültige Vollmachten nicht anerkannt werden, bleibt nur die Möglichkeit, Widerspruch gegen die Beschlüsse einzulegen. Wenn eine Eigentumswohnung mehreren Miteigentümern gehört, so müssen diese eine Person benennen, die an der Versammlung teilnimmt und abstimmt. Es ist also nicht möglich, dass jeder Miteigentümer an der Eigentümerversammlung teilnimmt und entsprechend seinem Anteil an dieser Wohnung abstimmen darf. Die Miteigentümer haben nur die Möglichkeit, eine Person zu benennen.

Zweite Einberufung

In vielen Fällen ist die absolute Mehrheit der Miteigentümer bei Eigentümerversammlungen nicht vertreten. Deshalb ist oftmals in Einladungen zu Versammlungen die zweite Einberufung einer Eigentümerversammlung für den Fall vorgesehen, dass bei der ersten Eigentümerversammlung festgestellt wird, dass diese nicht die notwendige Beschlussfähigkeit hat. Notwendig und gesetzlich vorgeschrieben ist nur, dass zwischen dem ersten Termin und dem zweiten Termin ein halbe Stunde Pause liegt. In der zweiten Eigentümerversammlung genügt es zur Gültigkeit der Beschlüsse, dass die Mehrheit der Anwesenden zustimmt, wobei aber noch die weitere Voraussetzung erfüllt sein muss, dass diese Mehrheit mehr als die Hälfte der Anteile der anwesenden oder vertretenen Eigentümer repräsentiert – Artikel 17 Ziff. 7.

Faktische Mehrheitsverhältnisse

Gerade bei Eigentümergemeinschaften mit vielen Ausländern sind viele Eigentümer nicht anwesend und haben auch keine Vollmacht erteilt. Diejenigen, die mehrere Vollmachten haben oder in einer Eigentümergemeinschaft als Gruppe auftreten, haben gute Chancen, ihre Vorstellungen durchzusetzen. Es kommt also darauf an, möglichst viele Vollmachten zu sammeln, um eine Hauptversammlung zu beherrschen. Im Vorteil sind dabei die Bauträger, die die Wohnungen verkaufen, gleichzeitig die Verwaltung und die Vermietung übernommen haben und sich zudem eine Vollmacht für die Vertretung bei der Eigentümerversammlung geben ließen. Dadurch können sich diese praktisch selbst entlasten und mehr oder weniger schalten und walten, wie sie gerade wollen.

Beschlüsse und Mehrheiten

Im Gegensatz zur früheren gesetzlichen Regelung bedarf es zur Durchführung sogenannter „notwendige Arbeiten…" keiner Zustimmung der Gemeinschaft mehr. Mit den durch die Reform zusätzlich eingeführten Mehrheitserleichterungen will man den Eigentümergemeinschaften mehr Spielraum einräumen. Auf der anderen Seite wird sich dadurch mancher Eigentümer benachteiligt sehen.

Für sogenannte gemeinschaftliche Infrastrukturmaßnahmen – *infraestructuras comunes*, für den Zugang zu Telekommunikationsdienstleistungen – *servicios de telecomunicación* – oder die Anpassung bereits vorhandener – *adaptación de los existentes* – oder die Installierung von gemeinschaftlichen oder privaten Systemen für die Nutzung erneuerbarer Energien – *la instalación de sistemas comunes o privativos, de aprovechamiento de energías renovables* –oder die notwendige Infrastruktur für den Zugang zu neuen gemeinsamen ökologischen Versorgungsleitungen – *infraestructuras necesarias para acceder a nuevos suministros energéticos colectivos* – reicht auf Antrag eines Eigentümers die Zustimmung eines Drittels der betreffenden Personen und ein Drittel der Quoten – *a petición de cualquier propietario, por un tercio de los integrantes de la comunidad que representen, a su vez, un tercio de las cuotas de participación.* Das bedeutet, dass die Arbeiten auch ohne Mehrheit zulässig sind. Allerdings, und das ist die Kehrseite dieser Beschlüsse, dürfen die Kosten nicht auf diejenigen umgelegt werden, die dieser Maßnahme nicht zustimmen.

Artikel 17 über die Beschlüsse der Eigentümerversammlung – *Acuerdos de la Junta* – ist sehr ausufernd geraten, weshalb die Ausführungen nur Hinweise geben aber nicht den ganzen Artikel erläutern können. Je nach Thema des Beschlusses reicht eine einfache Mehrheit oder ist eine 3/5-Mehrheit oder gar Einstimmigkeit erforderlich. Unter Mehrheit ist eine doppelte Mehrheit zu verstehen, nämlich die Mehrheit der Eigentümer und die Mehrheit der Beteiligungsquoten.

5.6 Verwaltung, laufende Kosten, Rechte und Pflichten

Verwalter– *Administrador*

Ein gesonderter Verwalter ist gesetzlich nicht zwingend vorgeschrieben. Falls ein Verwalter in der Satzung nicht vorgesehen ist, ist der Präsident gleichzeitig auch als Verwalter tätig. Verwalter wollen Geld verdienen, dies ist auch ihr gutes Recht, wenn sie gute Arbeit leisten.

Es gibt zwar keine offiziellen Umfragen, wie viele Eigentümer oder Eigentümergemeinschaften mit ihren Verwaltern zufrieden sind, oft genug aber gibt es Ärger mit dem Verwalter, weil er nichts oder zu wenig macht, weil die Buchführung nicht in Ordnung ist oder weil der Verdacht besteht, dass Gelder unrechtmäßig abgezweigt werden oder mit fingierten Belegen gearbeitet wird. Dass sich Verwalter von Handwerkern „Provisionen" für die Auftragserteilung geben lassen, ist sicher nicht ungewöhnlich und vielleicht hinnehmbar, wenn sich die Kosten insgesamt im Rahmen halten und die Arbeit gut ausgeführt wird. Wenn aber mehr oder weniger unverhohlen Rechnungen für Arbeiten auftauchen, die wahrscheinlich gar nicht oder zumindest nicht im berechneten Umfang durchgeführt worden sind, hört irgendwann der Spaß auf. Das eigentliche Problem ist aber darin zu sehen, dass sich dagegen kaum was unternehmen lässt oder aber Wohnungseigentümer bereit sein müssen, Geld, Zeit und Nerven zu investieren, um etwas Ordnung in die Verhältnisse zu bringen. Viele Wohnungseigentümer wollen aber ihre Ruhe haben und zahlen lieber als dass sie opponieren.

Wird die Anlage erst noch erstellt, sollte man fragen, wer die Verwaltung übernehmen wird. Vielleicht lassen sich daraus Rückschlüsse ziehen, insbesondere dann, wenn die betreffende Gesellschaft schon andere Anlagen verwaltet.

Wohnungsumlagen

Jeder Wohnungseigentümer ist verpflichtet, gemäß seiner Eigentumsquote die Kosten für Instandhaltung und Instandsetzungen, für den Unterhalt des Gebäudes und die Pflege der Außenanlagen – soweit Gemeinschaftseigentum – zu übernehmen. Für Außenstände haftet die Wohnung unabhängig davon, wer Eigentümer ist oder Eigentümer wird. Deshalb ist es für einen Kaufinteressenten wichtig zu wissen, ob der Verkäufer bei der Eigentümergemeinschaft noch Schulden hat. Denn er haftet wie schon weiter oben erwähnt für die Schulden des Jahres, in dem er kauft und die drei zurückliegenden Jahre. Der Käufer kann zwar dann versuchen, sich beim Verkäufer schadlos zu halten, ob ihm dies aber gelingen wird, ist eine andere Frage und vor allem auch mit Aufwand verbunden.

Der Präsident kann ausstehende Gemeinschaftskosten in einem verkürzten Verfahren geltend machen. Eine Bestätigung des Beschlusses der Eigentümerversammlung, die Schulden einzutreiben, und die Zustellung an den betroffenen Wohnungseigentümer reichen aus. Auf der einen Seite hat dieses Verfahren den Vorteil, dass die Eigentümergemeinschaft die Schulden schneller eintreiben kann. Auf der anderen Seite sehen sich aber die Wohnungseigentümer, die sich gegen – ihrer Meinung nach – ungerechtfertigte Forderungen wehren und nicht bezahlen wollen, der Gefahr eines aus deren Sicht ungerechtfertigten kurzen Prozesses ausgesetzt.

Meistens bleibt in einer solchen Situation einem Wohnungseigentümer nur die Alternative, entweder zähneknirschend zu akzeptieren, dass Kosten und Kostenvoranschläge nicht in Ordnung sind, oder aber er findet sich nicht damit ab und verkauft. Nicht zu verkaufen und sich gegen die Verwaltung zur Wehr zu setzen, wird ihn voraussichtlich mehr Geld, Zeit und Nerven kosten als es die Sache wert sein dürfte.

Welche weiteren Pflichten hat ein Eigentümer?

Gemäß Artikel 9 muss er u. a. auf die allgemeinen Einrichtungen der Eigentümergemeinschaft Rücksicht nehmen. Er muss seine eigene Wohnung in einem guten Zustand erhalten, damit nicht die Gemeinschaft oder die anderen Wohnungseigentümer geschädigt werden. Im Falle von Schäden muss er grundsätzlich dafür einstehen.

Rechte des Wohnungseigentümers

Diese sind in Artikel 7 des spanischen Wohnungseigentumsgesetzes geregelt. Dabei geht es vor allem um die Frage, welche Veränderungen ein Wohnungseigentümer an der Wohnung vornehmen darf. Er darf Änderungen vornehmen, soweit dadurch nicht die Sicherheit des Gebäudes gefährdet oder die äußere Gestaltung und Struktur des Gebäudes geändert wird. Bevor eine Baumaßnahme durchgeführt wird, ist jedem Wohnungseigentümer zu empfehlen, abzuklären, ob er dazu ein Recht hat bzw. die Zustimmung der Eigentümergemeinschaft verlangen kann. Falls er dazu kein Recht hat, überlegt sich mancher, ob er die Baumaßnahme trotzdem durchführt und es darauf ankommen lässt, dass die Eigentümergemeinschaft oder ein Wohnungseigentümer dagegen vorgeht.

Im Übrigen hat sich der Wohnungseigentümer an die Satzung zu halten. Darüber hinaus darf er keine Aktivitäten entfalten, die für die Liegenschaft schädlich sind, die unmoralisch, gefährlich, störend oder gesundheitsgefährdend sind.

5.7 Urbanisationen

Die Erschließung von Urbanisationen hat durch den Bauträger zu erfolgen, aber da beginnen schon meist die Probleme. Eventuell sind Häuser und Wohnungen fertig, aber die Infrastruktur, also Straße, Gehwege oder Kanalisation fehlen, sodass Käufer von Anfang an mit Problemen konfrontiert sind. Geht dann noch der Anbieter Pleite, gibt es erst recht Probleme. Denn wer übernimmt die Verantwortung für die Fertigstellung unabhängig davon, ob die Erwerber das notwendige Geld zur Verfügung stellen?

In solchen Fällen lässt sich keine optimistische Prognose stellen, es kann Jahre dauern, bis die fehlende Infrastruktur „steht".

Erschließung und Infrastruktur

Ist die Urbanisation schon bewohnt, sollten Sie sich am besten vor dem Kauf bei Bewohnern der Urbanisation erkundigen, ob eine eventuell bestehende Verwaltung funktioniert, welche Kosten jährlich anfallen (Straßen, Wege, Beleuchtung, Gemeinschaftseinrichtungen) und ob die Erschließung tatsächlich abgeschlossen ist und die Infrastruktur in Ordnung ist.

Falls es in der Urbanisation irgendwelche Probleme geben sollte, sollten Sie sich genau so wenig wie bei Wohnungseigentümergemeinschaften mit dem Gedanken trösten, dass Sie persönlich schon noch für Ordnung sorgen werden.

Wenn Sie sich selbst engagieren, wird Sie dies meist – ähnlich wie bei Wohnungseigentümergemeinschaften – sehr viel Zeit, Geld und Nerven kosten und Ihnen aller Voraussicht nach wenig oder gar nichts bringen.

Fast fertiggestellt?

Dies gilt es auch dann zu bedenken, wenn Sie eine Immobilie innerhalb einer fast fertiggestellten Urbanisation angeboten bekommen, die recht preisgünstig erscheint. Denkbar ist, dass Genehmigungen fehlen oder der Initiator des Projektes finanzielle Probleme hat oder gar pleite ist und die notwendige Infrastruktur fehlt und mit einer baldigen Fertigstellung nicht zu rechnen ist.

Typisch für eine mangelhafte Infrastruktur sind Probleme mit dem Erhalt regulären Stroms (also nicht nur Baustrom), der Wasserversorgung, Abwasser, Straßen und Wege und deren Beleuchtung und der Müllabfuhr. Zur Ehrenrettung von Urbanisationen sei aber angefügt, dass Probleme dieser Art auch außerhalb von Urbanisationen auftreten können. In Gemeinden mit allzu geringer Finanzkraft und hohen Schulden ist dies sehr wahrscheinlich.

Urbanisation Altea Hills: „Viel Marmor, aber kein Wasser"

Dies ist eine Artikel-Überschrift in den Costa Blanca Nachrichte vom 31. August 2018. Es wird berichtet, dass ausgerechnet in Alteas exklusivster Urbanisation im Sommer immer mal wieder kein Wasser aus dem Hahn fließt, es sei so salzhaltig, dass es höchstens zum Putzen tauge. Seit sechs Jahren sei das Trinkwasser in Altea Hills jeden Sommer ungenießbar, die Brunnen seien praktisch ausgetrocknet und der Bürgermeister verbiete den Anwohnern, das Leitungswasser zum Kochen oder Trinken zu nutzen, Pools damit aufzufüllen oder Pflanzen zu gießen.

Die Verwaltung der Urbanisation beabsichtige nun, die Stadt zu verklagen. Altea Hills ist noch nicht an das städtische Trinkwassernetz angeschlossen. Der Brunnen, der die Urbanisation versorgen soll, ist nicht ausreichend, das Wasser zu salzhaltig.

Neben Altea Hills seien auch die Urbanisationen Sierra de Altea und Mascarat betroffen. Solange sich dies nicht ändert, bleibt es beim Wasser aus dem Supermarkt oder vom Tankwagen.

„Eingemeindungen"

Urbanisationen können „eingemeindet" werden, dann ist die Gemeinde für die Infrastruktur zuständig. Eine Gemeinde wird aber dies nur dann tun, wenn die Urbanisation in gutem Zustand ist, da sie auf einen zusätzlichen Kostgänger gerne verzichtet. Ein Kompromiss kann darin bestehen, dass Gemeinde und Eigentümer die Kosten für noch fehlende Erschließungsmaßnahmen gemeinsam übernehmen.

6 Verkauf

6.1 Vollständige Unterlagen

Um beim Thema Weiterverkauf Wiederholungen zu vermeiden, sei vorweg auf das 2. Kapitel verwiesen. Schon dort finden sich viele auch für Verkäufer wichtige Aspekte, z. B. die Veräußerungsgewinnsteuer und die *retención*.

Unabhängig vom Anlass oder der Ursache der Veräußerung sollte man frühzeitig die vorhandenen Unterlagen überprüfen und sich fehlende besorgen, die von einem kundigen oder gut beratenen Kaufinteressenten nachgefragt werden könnten, dazu zählen u. a.:

- Aktueller Auszug aus dem spanischen Eigentumsregister – *nota simple*,
- Kopie des notariellen Kaufvertrages – *escritura*,
- Baugenehmigung und Bewohnbarkeitsbescheinigung – *licencia de obra y cédula de habitabilidad*,
- Nachweis der Bezahlung von Steuern und Abgaben und der Umlagen an eine Urbanisation oder Eigentümergemeinschaft, und
- bei Eigentumswohnungen und eventuell auch bei Urbanisationen Protokolle von Versammlungen und Abrechnungen der letzten Jahre.

Eine erfolgte Erbschaft der Immobilie sollte schon samt Umschreibung abgewickelt sein. Erst dann besteht Gewissheit, dass es mit der Erbschaftsabwicklung keine Probleme mehr geben kann.

Es gibt nun Fälle, in denen die Erwerber über Jahre hinweg geglaubt haben, dass ihre Unterlagen völlig in Ordnung seien, dann aber beim Weiterverkauf plötzlich feststellen, dass sie entweder gar nicht im spanischen Eigentumsregister eingetragen sind oder das Grundstück kleiner ist als ursprünglich beim Kauf versprochen oder das Haus nur teilweise oder gar nicht genehmigt ist. In solchen Fällen ist es ratsam, sich um die Eintragung zu kümmern und die baurechtliche Situation zu bereinigen. Wer dagegen auf die Schnelle verkauft, muss damit rechnen, dass der Käufer früher oder später merkt, dass etwas nicht in Ordnung ist und es spätestens dann großen Ärger geben könnte.

Mit der Besorgung und Überprüfung von Unterlagen sollte man nicht zuwarten, bis ein Kaufinteressent Unterlagen anfordert oder der Notar Fehler feststellt, damit sich der Verkauf nicht verzögert oder der Kaufinteressent abspringt, weil er in der Zwischenzeit ein anderes Objekt gefunden hat.

6.2 Wie finden Sie einen Käufer?

Man kann sowohl vor Ort in Spanien als auch in Deutschland nach einem Käufer suchen. Wer die Ferienimmobilie über viele Jahre hinweg genutzt hat, kennt meist einige Leute in der dortigen Region, seien es nun Spanier oder residente Deutsche vor Ort, die als „Vermittler", aber auch nur als Vermittler und nicht als Berater, in Frage kommen. Es ist dabei völlig ausreichend, mit den Leuten zu vereinbaren, dass sie im Erfolgsfalle eine Provision erhalten. Ansonsten gibt es fast an jeder spanischen Küste eine deutschsprachige Zeitung oder Zeitschrift, in der sie ein Inserat aufgeben können.

Die einfachsten und mitunter besten Möglichkeiten bietet aber sicherlich das Internet, um mit Kaufinteressenten oder Maklern in Kontakt zu kommen (Internet-Adressen von Immobilienportalen im Anhang). Für wenig Geld lassen sich auch Bilder einstellen. Und wer noch keinen Internetanschluss hat, dürfte jemanden kennen, der ein Inserat in ein Portal einstellen kann. Abhängig von der Art des Objektes und der vor Ort dominierenden Nationalität gilt es die Zielgruppe zu definieren.

Tipp

Spanische und deutsche Immobilienportale finden Sie in Kapitel 2.

Die einfachste Vorgehensweise dürfte sein, an Landsleute zu verkaufen. Es gibt dann keine Sprachschwierigkeiten, der privatschriftliche Kaufvertrag mit dem tatsächlichen Kaufpreis kann auch in deutscher Sprache abgeschlossen werden, wobei im Vertrag ausdrücklich erwähnt werden sollte, dass spanisches Recht zur Anwendung kommt. Würde man nämlich deutsches Recht auf den Vertrag anwenden, wäre dieser Vertrag nicht gültig, da ja nach deutschem Recht eine notarielle Beurkundung notwendig ist, auch für sogenannte Vorverträge.

6.3 Makler und Mittelspersonen

Kaufinteressenten wollen die Immobilie besichtigen. Sie müssen deshalb jemanden vor Ort haben, der zuverlässig ist und Interessenten das Haus oder die Wohnung zeigt. Fehlende Zuverlässigkeit kann Sie sehr viel teurer kommen als ein etwas niedrigerer Verkaufspreis.

Bestehen Sie vorneweg auf eine schriftlichen Vereinbarung für den Vermittlungsauftrag, über die Höhe der Provision und deren Fälligkeit (erst nach Abwicklung der Angelegenheit), den Umfang seiner Tätigkeit (z. B. Besorgung von Unterlagen), schlussendlich, ob der Makler auch vom Käufer Provision verlangen darf, die aber den Kaufpreis für den Käufer zusätzlich in die Höhe treiben würde. Wenn der Makler von beiden Seiten Provision kassiert, wessen Interessen vertritt er dann?

Eine weitere Frage ist, ob der Makler einen Alleinvertretungsauftrag bekommen soll oder mit ihm nur – wie mit anderen Personen auch – vereinbart wird, dass er im Falle des Weiterverkaufs eine Provision in vorher vereinbarter Höhe erhält. Im Einzelfall mag es gerechtfertigt sein, dass ein Makler ein Exklusivrecht erhält.

Vollmacht?

Jemanden mit der Vermittlung zu beauftragen bedeutet aber nicht, ihm allein deshalb gleich noch eine Vollmacht zu erteilen für den Abschluss von Verträgen und für den Empfang von Geldern.

Der Kaufpreis – sowohl Anzahlung als auch Restbetrag, ob bar oder mittels bankbestätigtem Scheck oder mittels Überweisung – sollte direkt vom Käufer in Ihre Taschen bzw. auf Ihr Konto fließen. Nur wenn Sie eine Person Ihres Vertrauens haben, sollten Sie Umwege über „Treuhandkonten" akzeptieren. Meist handelt es sich aber gleich gar nicht um spezielle Treuhandkonten. Bekommt ein Makler finanzielle Schwierigkeiten, gerät eine Anzahlung auf einem normalen Bankkonto des Maklers in Gefahr.

Weitere Ausführungen zum Thema Makler finden sich im 2. Kapitel.

6.4 Realistische Preisvorstellungen

Je nach Art der Immobilie ist es relativ einfach, den ungefähren Wert der Immobilie zu ermitteln, dazu zählen beispielsweise Eigentumswohnungen „von der Stange". Ländliche Liegenschaften zählen nicht dazu, in manchen Fällen mag man auch das Glück haben, dass jemand einen Liebhaberpreis bezahlt.

Jedenfalls darf man sich nicht von den Verkaufspreisen in Inseraten täuschen lassen. Was tatsächlich für ein Objekt erlöst bzw. ob zu diesem Preis tatsächlich verkauft wird, ist eine ganz andere Frage.

Bei manchen Verkäufern ohne akute Geldsorgen bedarf es eines gewissen Leidensdrucks, d. h. die Immobilie lässt sich über längere Zeit hinweg nicht verkaufen, bis der Verkäufer irgendwann einsieht, dass er den Preis reduzieren muss.

Bei Maklern kann es passieren, dass ein unrealistisch hoher Verkaufspreis versprochen wird, um den Verkaufsauftrag zu erhalten. Erst wenn der Makler dann nach einigen Monaten rät, den gewünschten Kaufpreis merklich herunterzusetzen, merkt auch der Eigentümer, was los ist. Wer einen guten Draht zu einer örtlichen

Bank hat, mag in der Immobilienabteilung nach einem Mitarbeiter nachfragen, der den Wert der Immobilie schätzen kann. Ansonsten hilft auch bei einem Verkauf am besten der Vergleich mit ähnlichen Objekten vor Ort und im Internet.

6.5 Vorvertrag, Notarvertrag, spanische und deutsche Steuern und Kosten

Aus Verkäufersicht sind die Zahlungsmodalitäten äußerst wichtig.

a) Bei Abschluss eines üblichen Vorvertrages ist eine Anzahlung für den Verkäufer üblich, und zwar ohne Absicherung des Käufers. In der Regel wird auch vereinbart, dass die Anzahlung auch dann beim Verkäufer bleibt, wenn der Käufer „aussteigt" und doch nicht kaufen sollte. Für den Fall, dass der Verkäufer „aussteigt", wird meist vereinbart, dass er den doppelten Betrag an den Käufer bezahlen muss (also die erhaltene Anzahlung und noch eine zusätzliche Zahlung in Höhe der Anzahlung).

b) Üblich ist in Spanien auch die Regelung, dass beim Notar der Restbetrag bezahlt wird, da üblicherweise vereinbart ist, dass mit Abschluss des Notarvertrages auch das Eigentum an den Käufer übergeht.

c) Eine Treuhandabwicklung wie aus Deutschland gewohnt wäre für beide Seiten eine empfehlenswerte Vorgehensweise, ist aber in Spanien unüblich. Bei Zahlungen auf ein behauptetes „Treuhandkonto" sollte zuerst abgeklärt sein, ob es sich wirklich um ein Treuhandkonto oder nur um ein normales Bankkonto handelt. Aber auch bei einem wirklichen Treuhandkonto sollten Bonität und Seriosität des Treuhänders geklärt sein.

Spanische Veräußerungsgewinnsteuer und Wertzuwachssteuer

Als Verkäufer müssen Sie sich steuerlich vor allem um die Frage der Veräußerungsgewinnsteuer und um die Wertzuwachssteuer kümmern (siehe dazu den Abschnitt Steuern im 2. Kapitel). Hinsichtlich der sonstigen Kosten – für den Notar usw. – wird üblicherweise vereinbart, dass diese der Käufer trägt. Selbstverständlich ist aber auch eine andere Regelung denkbar und zulässig.

Deutsche Besteuerung des Veräußerungsgewinns

Grundsätzlich muss der Veräußerungsgewinn sowohl in Spanien als auch in Deutschland versteuert werden. Vorteilhafterweise kommt wie bei der Vermietung die Anrechnungsmethode zur Anwendung, die spanische Einkommensteuer darf also bei der deutschen Einkommensteuer anteilig angerechnet werden.

Noch vorteilhafter ist aber, dass der Veräußerungsgewinn einer nur eigengenutzten Immobilie in Deutschland nicht besteuert wird, dies gilt auch für die eigengenutzte spanische Immobilie. Es reicht aus, wenn im Jahr der Veräußerung und in den beiden vorangegangenen Jahren eine ausschließliche, d. h. ununterbrochene Nutzung zu eigenen Wohnzwecken gegeben ist.

Im Falle einer Erbschaft und eines kurzfristigen Verkaufs durch die Erben wird die Zeit der Nutzung zu eigenen Wohnzwecken durch den Erblasser den Erben zugerechnet.

Tipp

Achten Sie darauf, dass Sie nicht innerhalb eines kurzen Zeitraumes mehrere Immobilien in Deutschland, Spanien oder einem anderen Land verkaufen. Andernfalls droht gewerblicher Grundstückshandel mit nachteiligen steuerlichen Folgen in Deutschland.

6.6 Praktische Vorgehensweise

Darauf sollten Sie vor und während des Verkaufs Ihr Augenmerk richten:

- Auf aktuelle und vollständige Unterlagen, insbesondere Grundbuchauszug und Baugenehmigung,
- in der Regel kein exklusiver Vermittlungsauftrag,
- spezielle Zusicherungen im Vertrag nur, falls Sie diese auch zweifellos erfüllen können,
- eine realistische Preisvorstellung mit einer gewissen Bandbreite,
- eine fachlich versierte Vertrauensperson bzw. Rechtsanwalt für die Formulierung/Überprüfung einer eventuellen Maklervereinbarung und der Verträge u. a. mit den Zahlungsmodalitäten und der Absicherung der Kaufpreissumme und für die Teilnahme an der Beurkundung beim Notar, und
- darauf achten, dass der Geldfluss vom Käufer direkt zu Ihnen als Verkäufer gewahrt wird oder eine Person auch Ihres Vertrauens zwischengeschaltet ist und Gelder nur auf gesicherte Treuhandkonten überwiesen werden.

7 Nachlassplanung, Erbschaft und Schenkung

7.1 Vorbemerkung

Weder das Erbrecht noch die aktuelle Erbschaft- und Schenkungsteuer noch die Abwicklung einer Erbschaft geben Anlass, von einem Kauf in Spanien grundsätzlich abzusehen.

Erbrechtlich kommt im Falle eines Hauptwohnsitzes in Deutschland deutsches Erbrecht zur Anwendung, Näheres dazu weiter unten.

Es ist durchaus empfehlenswert, sich schon beim Kauf Gedanken zum Thema Nachfolgeplanung, Erbschaft und Erbschaftsteuer machen und beispielsweise auch Kinder oder andere Personen miteinzubeziehen.

Steuerlich lässt sich feststellen, dass entfernt- oder nichtverwandte Personen sowohl in Deutschland als auch in Spanien im Vergleich zu eng verwandten Personen oder Ehegatten sehr viel mehr Steuern bezahlen müssen.

Tipp

Die Fragen „Wer hat geerbt?", „Fällt Erbschaftsteuer an und gegebenenfalls wie hoch, in Deutschland, in Spanien?" und „Wie wird die Erbschaft abgewickelt und die Immobilie umgeschrieben?" dürfen nicht vermischt und müssen gesondert betrachtet und beantwortet werden.

7.2 Wer erbt die spanische Immobilie?

Seit 2015 kommt die EU-Erbrechtsverordnung zur Anwendung. Sie gilt für Erbfälle bzw. für Personen, die am 17.8.2015 oder später versterben bzw. verstorben sind.

Für Spanien und deutsche Immobilienbesitzer lässt sich feststellen, dass vor diesem Zeitpunkt generell das Heimatrecht, also deutsches Erbrecht für deutsche Immobilienbesitzer, für „die Rechtsnachfolge im Todesfall" zur Anwendung gekommen ist.

Nun gilt es zu differenzieren und zu klären, wo der Erblasser seinen „gewöhnlichen Aufenthalt" hat und ob er eine Rechtswahl getroffen hat:

a) Ferienimmobilie und „gewöhnlicher Aufenthalt" in Deutschland: Bei deutschen Erblassern mit „gewöhnlichem Aufenthalt" in Deutschland, zum Beispiel Zweitwohnungsbesitzer mit Hauptwohnsitz Deutschland, kommt weiterhin deutsches Erbrecht zur Anwendung. Besitzt also jemand eine Ferienimmobilie in Spanien, die er hin und wieder nutzt, dann kommt deutsches Erbrecht zur Anwendung, wenn er oder sie verstirbt. Liegt ein Testament vor, so gilt dieses unter Beachtung eventueller Pflichtteilsansprüche gemäß deutschem Recht oder ohne letztwillige Verfügung die gesetzliche Erbfolge.

b) Deutsche mit „gewöhnlichem Aufenthalt" in Spanien: Hat aber der Immobilienbesitzer seinen „gewöhnlichen Aufenthalt" in Spanien, z. B. der deutsche Rentner, der dauerhaft nach Spanien umgezogen ist und dort wohnt, gelten andere Regeln. Hat er keine gesonderte testamentarische Regelung getroffen, kommt spanisches Erbrecht zur Anwendung. Er kann aber die Regelung treffen, dass weiterhin deutsches Erbrecht zur Anwendung kommen soll, dann läuft es wie bisher. Der Unterschied besteht also darin, dass der in Spanien ansässige deutsche Rentner aktiv werden muss, damit deutsches Erbrecht zur Anwendung kommt.

In aller Regel dürften diejenigen Deutschen, die in Spanien ihren „gewöhnlichen Aufenthalt" haben, deutsches Erbrecht wählen. Allerdings muss dieses Wahlrecht auch ausgeübt werden (z. B. Rechtswahl in einem Testament: „Es soll deutsches Erbrecht zur Anwendung kommen"), andernfalls kommt spanisches Erbrecht zur Anwendung.

Tipp

Es können im Erbfall insbesondere zwei strittige Fragen auftreten: Wo hatte die betreffende Person ihren „gewöhnlichen Aufenthalt" und liegt eine Erbrechtswahl vor (falls „der gewöhnliche Aufenthalt" in Spanien war)?

Diejenigen, die ihren „gewöhnlichen Aufenthalt" in Spanien haben oder beabsichtigen diesen dorthin zu verlagern und deutsches Erbrecht bevorzugen, sollten dies möglichst bald schriftlich zum Ausdruck bringen. Das Dokument sollte an sicherer Stelle verwahrt werden.

Beispiele

Fall: Die deutschen Eheleute A und B haben zwei Kinder und besitzen eine Immobilie in Denia an der Costa Blanca jeweils zur Hälfte. B stirbt. Wer erbt die Hälfte des verstorbenen B an der spanischen Immobilie? Kommt spanisches oder deutsches Erbrecht zur Anwendung?

Hatte B seinen „gewöhnlichen Aufenthalt" (siehe oben) in Deutschland, kommt deutsches Erbrecht zur Anwendung, so dass also für diesen Erbfall auch bezüglich der spanischen Immobilie deutsches Erbrecht zur Anwendung kommt.

Existiert kein Testament oder sonstige letztwillige Verfügung, kommt die deutsche gesetzliche Erbfolge zur Anwendung, so dass die Ehegattin und die Kinder erben (zu welchen Teilen lassen wir offen). Hätte B ein Testament gemacht und darin seine Ehegattin als Alleinerbin eingesetzt, würde die Ehegattin die Immobilienhälfte des B erben und wäre dann die alleinige Eigentümerin der spanischen Immobilie. Allerdings würde der Wert der spanischen Immobilie bei der Berechnung der deutschen Pflichtteilsansprüche der Kinder berücksichtigt werden.

Fall: A wohnt mit B dauerhaft in Spanien und besucht beispielsweise nur ein oder zwei Mal im Jahr die erwachsenen Kinder in Deutschland. Welches Recht kommt zur Anwendung?

B hat seinen „gewöhnlichen Aufenthalt" (siehe oben) in Spanien, so dass spanisches Erbrecht zur Anwendung kommt, wenn er nicht zu Lebzeiten deutsches Erbrecht für den Todesfall festgelegt hat.

Die spannendsten Fragen sind dann sicherlich, wer erbt nach spanischem Erbrecht, wenn es keine letztwillige Verfügung gibt, und wer kann „Pflichtteilsansprüche", genauer Noterbrechte, und in welcher Höhe – *la legítima* – geltend machen. Für den Fall, dass keine letztwillige Verfügung vorliegt und Ehegatte und Kinder vorhanden sind, erben die Kinder zu gleichen Teilen. Der überlebende Ehegatte erhält nach spanischem Recht nur den Nießbrauch an einem Drittel des Nachlasses – *usufructo de un tercio*. Der überlebende Ehegatte wird nur dann gesetzlicher Erbe, wenn keine Abkömmlinge und Verwandte in aufsteigender Linie des Erblassers existieren.

7.3 Nachlassplanung

Zusätzliches Testament in Spanien?

Am besten ist es, wenn der Kaufinteressent schon beim Kauf weiß, wie er die Weichen stellen will, da diese Vorgehensweise oftmals zusätzlichen Aufwand und zusätzliche Kosten vermeiden hilft.

Es ist aber nicht notwendig und in der Regel auch nicht sinnvoll, ein zusätzliches Testament in Spanien zu errichten. Zwar mag einerseits die Abwicklung einer Erbschaft mittels eines spanischen Testamentes unter Umständen schneller erfolgen, auf der anderen Seite kann es aber passieren, dass sich deutsches und spanisches Testament widersprechen und sich die Abwicklung dadurch sogar in die Länge zieht.

Vorzeitige Vermögensübertragungen

Allzu vorschnell glauben manche Käufer, dass unbedingt etwas gegen die spanische Erbschaftsteuer unternommen werden müsse. Das mag mit manchen Berichten in deutschen Medien zusammenhängen, dass die spanische Erbschaftsteuer sehr hoch sei.

Dies lässt sich aber zumindest ungefähr durchrechnen, wobei dann in den allermeisten Fällen festgestellt werden kann, dass die Sorgen unbegründet waren.

Kauf der Immobilie auf die Namen der oder des künftigen Erben

Vorgehensweise: Der deutsche Erblasser schenkt den künftigen Erben, beispielsweise den Kindern, das Geld für den Kauf der Immobilie in Spanien (der geschenkte Geldbetrag ist in Deutschland grundsätzlich schenkungsteuerpflichtig). Die Kinder kaufen die Immobilie. Allerdings sind bei Minderjährigen die besonderen zivilrechtlichen Vorschriften und das Vormundschaftsgericht zu berücksichtigen.

Vorteil: Auch wenn der deutsche Erblasser stirbt, hat dies keine Auswirkung mehr auf die spanische Immobilie, die ja schon in den Händen der Kinder ist. Es fällt hinsichtlich dieser spanischen Immobilie weder in Deutschland noch in Spanien Erbschaftsteuer an.

Würde der deutsche Erblasser die Immobilie zuerst selbst kaufen und dann direkt mittels Schenkungsvertrag auf die Kinder übertragen, würde grundsätzlich spanische und deutsche Schenkungsteuer unter Anrechnung der spanischen anfallen.

Nachteil: der Erblasser gibt schon zu Lebzeiten „viel“ Geld aus der Hand, das er nur in Ausnahmefällen zurückfordern kann (zum Beispiel bei grobem Undank).

Alternative: Einräumung eines Nießbrauchs

Eine Alternative ist die Einräumung eines lebenslangen Nießbrauchsrechtes – *usufructo vitalicio* – im spanischen Eigentumsregister zugunsten des Erblassers (möglichst schon im notariellen Kaufvertrag). Rechtlich gesehen kaufen also die Kinder das „nackte“ Eigentum – *nuda propiedad* – und die Eltern den Nießbrauch bzw. damit ein umfassendes Nutzungsrecht (Nießbrauch und nacktes Eigentum bilden das Volleigentum – *pleno dominio*). Bei Wegfall des Nießbrauchs im Todesfall ist der Restwert des Nießbrauchs in Spanien zu versteuern. Dies gilt entsprechend, wenn der Erblasser die Immobilie zuerst gekauft hat und danach das nackte Eigentum an die Kinder verschenkt und sich den Nießbrauch vorbehält. Auf der einen Seite gibt er das Eigentum an der Immobilie her, kann aber die Immobilie bis ans Lebensende nutzen, und zwar rechtlich abgesichert.

Gesellschaftsgründung

Dieses Thema dürfte sich zumindest für Normalfälle erledigt haben, insofern sei vorneweg auf das 2. Kapitel verwiesen, insbesondere auf die dortigen Ausführungen über verdeckte Gewinnausschüttungen.

Der Kauf und Besitz von Immobilien auf den Namen einer spanischen GmbH bzw. Gesellschaft mit beschränkter Haftung – *SL – Sociedad de responsibilidad limitada* – wurde oft als Steuersparmodell empfohlen, vielleicht ist es aber auch oder vor allem als Arbeitsbeschaffungsmaßnahme für Berater gedacht gewesen.

Diese spanischen GmbH-Anteile sind sowohl in Deutschland als auch in Spanien der Schenkung- und Erbschaftsteuer unterworfen (bei Anrechnung der gezahlten spanischen Erbschaftsteuer). Eine legale Steuerersparnis im Bereich der spanischen Erbschaft- und Schenkungsteuer ist nicht ersichtlich. Wenn diese Erbschaft nicht angezeigt wurde oder nicht angezeigt wird und der spanische Fiskus davon nichts erfährt, erspart man sich zwar diese Steuer, aber nicht legal. Abgesehen davon sind die Erbschaftsteuersätze in den *Comunidades* Zurzeit meist sehr günstig.

Vollmacht auf den oder die vorgesehenen Erben?

Mit einer Vollmacht über den Tod hinaus lässt sich zwar die spanische Erbschaftsteuer vielleicht – illegalerweise – vermeiden, indem der Bevollmächtigte nach dem Tod des Eigentümers die Immobilie mittels pro-forma-Kaufvertrag auf sich überträgt (falls diese Befugnis – auch auf sich persönlich übertragen zu dürfen – in der Vollmacht enthalten ist) oder an eine dritte Person weiterverkauft, falls er den Erbfall den spanischen und deutschen Behörden nicht meldet und die Behörden vom Todesfall nichts erfahren, auch nicht der Notar beim Weiterverkauf. Es werden dann bei diesem Weiterverkauf nur die üblichen Verkaufssteuern bezahlt, die je nach Einzelfall niedriger ausfallen können als die Erbschaftsteuer. Dabei handelt es sich aber – fraglos – um eine Steuerhinterziehung. Dennoch wird diese Vorgehensweise verschiedentlich empfohlen und auch umgesetzt.

7.4 Schenkungen nach dem Kauf

Schenkungen von Immobilien sind notariell zu beurkunden, Sie müssen also zum Notar. Ein verbindliches Schenkungsversprechen kann auch von einem deutschen Notar beurkundet werden. Darüber hinaus muss aber auch die beschenkte Person zum Notar, um zu erklären, dass sie die Schenkung annimmt. Es ist aber nicht notwendig, dass beide Personen gleichzeitig zum Notar gehen, vielmehr kann die beschenkte Person zu einem anderen Zeitpunkt die Schenkung annehmen. Wichtig ist nur, dass die Annahme der Schenkung zu Lebzeiten des Schenkers erklärt wird. Wird die Annahme der Schenkung erst nach dem Tod des Schenkers erklärt, ist sie nicht mehr wirksam.

Bei einer Schenkung fällt sowohl in Spanien als auch in Deutschland Schenkungsteuer an, die in Spanien gezahlte darf bei der deutschen anteilig angerechnet werden. Manche machen von der Vorgehensweise Gebrauch, einen pro-forma-Kaufvertrag über die spanische Immobilie beurkunden zu lassen, so dass in Spanien die Steuern für einen Kauf anfallen (ungefähr circa 10 % auf den im Notarvertrag angegebenen Kaufpreis). Damit soll – illegalerweise – Schenkungsteuer gespart werden.

Vorneweg sollte aber gerade bei Immobilien mit geringem Wert oder mehreren Personen, auf die die Immobilie übertragen wird, nachgerechnet werden, ob die spanische Schenkungsteuer tatsächlich höher als diese Erwerbskosten ausfallen würde. Abgesehen davon ist diese Vorgehensweise weder nach deutschem noch nach spanischem Recht rechtmäßig.

7.5 Abwicklung einer Erbschaft

Dabei geht es um die Fragen nach den Formalitäten, welche Steuern zu bezahlen sind und welche Unterlagen beigebracht werden müssen für die Umschreibung im spanischen Eigentumsregister.

Oftmals fehlt es allein schon an den notwendigen sprachlichen Kenntnissen, um die spanische Erbschaft selbst abwickeln zu können, ganz zu schweigen von den juristischen Kenntnissen. In vielen Fällen wollen die Erben keine Zeit verlieren, weil sie möglichst schnell verkaufen wollen. Umso mehr empfiehlt sich eine professionelle Abwicklung durch Fachleute. Es sind für die Abwicklung in Spanien verschiedene Stellen einzuschalten, nämlich ein spanischer Notar/Konsul, das Register für letztwillige Verfügungen in Madrid, die Steuerbehörden und das spanische Eigentumsregister. Auch gilt es, mit einer zügigen Bearbeitung die rechtzeitige Bezahlung der Erbschaftsteuer zu gewährleisten, um Versäumniszuschläge zu vermeiden.

In Deutschland ist für den deutschen Erbschein vorneweg die Apostille zu besorgen, damit der Erbschein als Urkunde anerkannt wird. Der Erbschein muss ins Spanische übersetzt werden. Des Weiteren muss u. a. auch eine internationale Sterbeurkunde vorgelegt werden.

Anschließend kann dann für die spanische Immobilie die notarielle Erbschaftsannahmeerklärung abgegeben werden – *declaración de aceptación de herencia.*

Der spanische Notar wird die Erbschaftsannahmeerklärung der Erben beurkunden und vorneweg beim zentralen Register für letztwillige Verfügungen – *Registro de Actos de Última Voluntad* – in Madrid nachfragen, ob ein Testament des Erblassers vorliegt.

Europäisches Nachlasszeugnis

Dieses Europäische Nachlasszeugnis ist als Nachweis der Erbenstellung fürs Ausland gedacht, kann aber auch im eigenen Land verwendet werden. Es ist in gewisser Hinsicht mit dem deutschen Erbschein vergleichbar. Der Unterschied besteht u. a. aber darin, dass es keines besonderen Anerkennungsverfahrens oder der Legalisation oder einer Apostille bedarf. Es kann aber auch weiterhin der deutsche Erbschein verwendet werden.

Das europäische Nachlasszeugnis verbleibt bei der Ausstellungsbehörde (Urschrift des Zeugnisses). Die Ausstellungsbehörde stellt jedem Antragsteller und jeder anderen Person, die ein berechtigtes Interesse nachweist, eine oder mehrere beglaubigte Abschriften aus, die jedoch abgesehen von Ausnahmefällen maximal sechs Monate gültig sind (aber auf Antrag Verlängerung der Gültigkeitsfrist nach Ablauf des Zeitraums).

Tipp

Es sollte immer auf den konkreten Einzelfall bezogen überlegt werden, ob ein Erbschein oder ein Europäisches Nachlasszeugnis beantragt wird.

7.6 Deutsche Erbschaft- und Schenkungsteuer

Beispiel: Die deutschen Eheleute A und B mit Hauptwohnsitz in Deutschland haben zwei Kinder und besitzen eine Immobilie in Denia an der Costa Blanca jeweils zur Hälfte. B stirbt. Fällt deutsche und spanische Erbschaftsteuer an?

Ausgangspunkt für spanische Immobilien ist, dass grundsätzlich deutsche und spanische Erbschaft- und Schenkungsteuer anfällt, wobei die in Spanien angefallene, gezahlte und keinem Ermäßigungsanspruch unterliegende Steuer bei der deutschen Steuer anteilig angerechnet werden darf.

Im obigen Beispiel unterliegt also die hälftige spanische Immobilie grundsätzlich auch der deutschen Erbschaftsteuer, die Erben profitieren aber auch von den deutschen Freibeträgen und können eine eventuell gezahlte spanische Erbschaftsteuer anteilig anrechnen lassen.

Welcher Wert ist anzusetzen?

Als Wert für die ausländische Immobilie ist der Preis anzusetzen, der im Falle einer Veräußerung zu erzielen wäre, also nicht der spanische Katasterwert. Im konkreten Fall wird es insbesondere bei Liebhaberimmobilien oder sehr individuellen Objekten sehr schwierig sein, den fiktiven Verkaufspreis zu bestimmen, der als Bemessungsgrundlage für die Erbschaft- und Schenkungsteuer dienen soll. Etwas einfacher ist es bei typischen Eigentumswohnungen bzw. Reihenhäusern „von der Stange", weil die Wahrscheinlichkeit groß ist, dass Vergleichsdaten zur Verfügung stehen. Letztendlich wird es immer darauf ankommen, ob der zuständige deutsche Finanzbeamte den vom Steuerpflichtigen angenommenen Wert akzeptiert oder nicht. Zumindest aus der DSA-Beratungspraxis sind keine Beispiele bekannt, in denen Mitglieder über große Meinungsverschiedenheiten mit Finanzbeamten berichten. Es ist aber dennoch anzuraten, den Wert nicht allzu tief anzusetzen, weil gerade dies dazu führen könnte, dass ein Finanzbeamter genauer wissen will, wie man denn auf diesen Wert gekommen ist.

7.7 Spanische Erbschaft- und Schenkungsteuer

7.7.1 Unterschiedliche Vorschriften

Früher war die praktisch wichtigste Frage bei der spanischen Erbschaft- und Schenkungsteuer – *Impuesto sobre sucesiones y donaciones*, ob die Erben in Spanien resident – also mit Hauptwohnsitz in Spanien – oder nicht resident waren. Denn die Besteuerung war für residente Erben zumindest in manchen spanischen Regionen vorteilhafter geregelt als die zentralstaatliche Erbschaft- und Schenkungsteuer für Zweitwohnungsbesitzer.

Der Europäische Gerichtshof entschied aber im Jahr 2014 erfreulicherweise, dass die Anwendung dieser zentralstaatlichen spanische Erbschaft- und Schenkungsteuer auf nichtresidente Erben bzw. Ausländer rechtswidrig ist und die jeweilige Regelung der *Comunidad Autónoma* zur Anwendung kommt, in der sich die Immobilie des Zweitwohnungsbesitzers und Erblassers befindet. Teilweise gibt es sehr hohe Freibeträge oder sogenannte *Bonificaciónes* bzw. Steuerermäßigungen bis zu 99 Prozent der Erbschaftsteuer.

Tipp

Wann immer Sie wissen wollen, wie hoch zurzeit die spanische Erbschaft- und Schenkungsteuer für Ihre Immobilie ausfällt, müssen Sie zuerst in Erfahrung bringen, ob es in der betreffenden *Comunidad Autónoma* eine gesonderte Regelung gibt. Falls nicht, kommt stattdessen die zentralstaatliche Erbschaft- und Schenkungsteuer zur Anwendung. Da sich steuerliche Vorschriften oftmals kurzfristig ändern, ist umso mehr darauf zu achten, dass die Ihnen vorliegenden Informationen auch tatsächlich aktuell sind. Zu achten ist auch darauf, dass es für Schenkung und Erbschaft unterschiedliche steuerliche Vorschriften geben kann.

7.7.2 *Comunidades Autónomas:* Steuergünstige Sonderregelungen?

Erbschaftsteuer

Es wäre zumindest fragwürdig, würde man den Immobilienkauf allein davon abhängig machen, wo gar keine oder eine nur sehr geringe Erbschaftsteuer anfällt. Da sich, wie schon erwähnt, steuerliche Vorschriften oftmals kurzfristig ändern, lässt sich nicht vorhersagen, wie hoch die Erbschaftsteuer in zehn oder xy Jahren ausfallen wird.

Aktuell lässt sich aber feststellen, dass manche „Autonomen Gemeinschaften" je nach Fallgestaltung Steuerermäßigungen bis zu 99 % haben, was für Erben natürlich äußerst erfreulich ist. Oder der Freibetrag ist wie beispielsweise wie in Andalusien mit einer Million Euro besonders hoch.

Allerdings hat es auch schon gegenläufige Entwicklungen gegeben, dass also Reduktionen und Bonifikationen ganz oder teilweise zurückgenommen worden sind.

Sollte die zentralstaatliche Regelung günstiger als die „Autonome" Regelung sein, können sich nicht ansässige EU-Bürger für letztere entscheiden.

Beispiel *Comunidad Autónoma Valencia*

Herausgegriffen aus der Regelung in der *Comunidad Autónoma Valencia* seien nur zwei Aspekte: Erben unter 21 Jahren (Gruppe I) haben einen Freibetrag von 156.000 Euro. Hinzu kommt aber auch noch eine Gutschrift – *bonificación* – von 75 % auf die ausgerechnete Erbschaftsteuer, also sehr vorteilhaft. Erben über 21 Jahren (Gruppe II) haben einen Freibetrag von 100.000 Euro und eine Gutschrift von immerhin 50 %.

Beispiel *Comunidad de Andalucía*

Dort geht es Erben zur Zeit besonders gut. Für die Steuerklassen I und II gibt es einen Freibetrag von 1.000. 000 Euro, falls das Vorvermögen der Erben weniger als eine Million Euro beträgt. Davon profitieren auch Ausländer.

Beispiel *Comunidad de Madrid*

Da gibt es sogar bei Ehegatten und Kindern eine Gutschrift von 99 % auf die berechnete Erbschaftsteuer. Aber wie lange gibt es diese sehr großzügige Regelung?

Schenkungsteuer

Wann immer Sie wissen wollen, wie hoch zurzeit die spanische Schenkungsteuer für Ihre spanische Immobilie ausfallen würde, müssen Sie zuerst in Erfahrung bringen, ob es in der betreffenden *Comunidad Autónoma* eine gesonderte Regelung gibt. Falls nicht, kommt stattdessen die zentralstaatliche Schenkungsteuer zur Anwendung. Meist fällt die Schenkungsteuer höher aus als die Erbschaftsteuer, beide Steuern dürfen nicht gleichgesetzt werden. Dies zeigt sich auch bei der zentralstaatlichen Erbschaft- und Schenkungsteuer, siehe weiter unten.

In der Beratungspraxis lässt sich feststellen, dass Zweitwohnungen eher selten verschenkt sondern in der Regel vererbt oder schon zu Lebzeiten verkauft werden, wenn kein familiäres Interesse mehr besteht. Deshalb wird aus Platzgründen auf Beispiele und Einzelheiten verzichtet.

7.7.3 Zentralstaatliche Erbschaft- und Schenkungsteuervorschriften

Die Steuersätze und Freibeträge usw. der zentralstaatlichen Erbschaft- und Schenkungsteuer kommen nur dann zur Anwendung, wenn es in der betreffenden *Comunidad Autónoma* keine gesonderte Regelung gibt.

Die hin und wieder geäußerte Meinung, dass im Erbfall der Wert der spanischen Immobilie über eine extrem hohe spanische Erbschaftsteuer abgeschöpft werde oder gar die Immobilie selbst ersatzlos auf den spanischen Staat übergehen würde, war und ist nicht richtig, auch wenn die zentralstaatlichen Steuersätze zur Anwendung kommen.

Der Freibetrag für Ehegatten bei der Erbschaftsteuer beträgt allerdings gerade mal 15.956,87 Euro. Je höher der Wert des Nachlasses, je entfernter der Verwandtschaftsgrad und – dieser Gesichtspunkt spielt bei der Erbschaftsteuer in Deutschland keinerlei Rolle – je höher das vorhandene Vermögen des Erben selbst ist, umso höher fällt die spanische Erbschaftsteuer aus.

Vorteilhaft ist generell, dass in Spanien für die Besteuerung normalerweise nicht der tatsächliche Verkehrswert zur Anwendung kommt, sondern ein am Katasterwert orientierter Wert für die Immobilie akzeptiert wird. Allerdings ist es durchaus möglich, dass anlässlich der Erbschaft der Katasterwert mit einem Koeffizienten aktualisiert werden muss. Dennoch ist dieser Wert im Allgemeinen sehr viel günstiger als der tatsächliche Wert der Immobilie.

Freibeträge – zentralstaatlich

Gruppe I: Abkömmlinge oder Adoptivkinder unter 21 Jahren. Freibetrag von 15.956,87 Euro, zuzüglich 3.990,72 Euro für jedes unter 21 liegende Lebensjahr des Rechtsnachfolgers, wobei der abzugsfähige Betrag 47.858,59 Euro nicht überschreiten darf.

Gruppe II: Abkömmlinge oder Adoptivkinder von 21 und mehr Jahren, Ehegatten, Eltern, Großeltern oder Adoptiveltern. Freibetrag 15.956,87 Euro.

Gruppe III: Erwerb durch Seitenverwandte zweiten und dritten Grades. Freibetrag 7.993,46 Euro.

Gruppe IV: Seitenverwandte vierten Grades, entfernteren Grades und Außenstehende, keine Freibeträge.

Für Körperbehinderte gibt es noch einen gesonderten Freibetrag, ebenso für Betriebsübergänge usw.

Keine Freibeträge für Schenkungen – zentralstaatlich

Die oben genannten Freibeträge gelten nicht für Schenkungen. Aufgrund der fehlenden Freibeträge bei Schenkungen lässt sich also nicht sagen, dass Erbschaft und Schenkung gleich besteuert werden. Vielmehr kommt eine Schenkung teurer unter sonst gleichen Bedingungen aufgrund fehlender Freibeträge. Nur im Falle von Verwandten des vierten Grades und Nichtverwandten sind die Schenkungsteuer und die Erbschaftsteuer wieder gleich, da es ja für diese auch bei der Erbschaftsteuer keinerlei Freibetrag gibt.

Berechnung der Erbschaftsteuer

Erster Schritt: Feststellung des Wertes der Erbschaft, wobei der tatsächliche Wert anzusetzen ist, auch bei Immobilien. Allerdings wird in der Praxis meist der niedrigere steuerliche Wert akzeptiert, der auf dem Grundsteuerbescheid zu finden ist.

Zweiter Schritt: Vom Wert der Vermögensgegenstände sind die Belastungen und Verbindlichkeiten abzuziehen, ebenso eventuelle Ausgleichsansprüche des überlebenden Ehegatten aufgrund des Güterstandes.

Dritter Schritt: Vom festgestellten Wert des Nachlasses, abzüglich spezieller Kosten wie Begräbniskosten, ist nunmehr der Freibetrag zu errechnen und der Wert des Nachlasses um diesen Freibetrag zu vermindern.

Vierter Schritt: Auf den um die Schulden und den Freibetrag verminderten Wert des Nachlasses ist dann die Steuerschuld gemäß der Tabelle Erbschaftsteuertarif zu errechnen.

Fünfter Schritt: Der errechnete Steuerbetrag muss noch je nach Fallgestaltung mit einem je nach Höhe des Vorvermögens und des Grades der Verwandtschaft unterschiedlich hohen Koeffizienten multipliziert werden.

Beispiel Sachverhalt mit zentralstaatlichen Steuersätzen: Ein in Deutschland ansässiges Kind im Alter von 42 Jahren erbt von der Mutter eine Ferienimmobilie in Spanien mit einem steuerlichen Katasterwert von 150.000 Euro. Das Kind hat ein spanisches Vorvermögen von bis zu 402.678,11 Euro.

Berechnung: 150.000 Euro abzüglich Freibetrag 15.956,87 Euro ergibt 134.043,13 Euro, also den Betrag, der als steuerpflichtiger Erwerb gilt. In Höhe bis zu 119.757,67 Euro fallen 15.606,22 Euro Steuer an, für den darüber hinausgehenden Betrag (14.285,46 Euro) sind 18,70 Prozent zu berechnen, also 2.671,381 Euro zusätzlich, insgesamt also 18.277,60 Euro. Der Betrag entspricht circa 12 Prozent vom angesetzten Wert der Immobilie. Das scheint akzeptabel zu sein. Allerdings würde die Steuer schon mehr als das Doppelte betragen, wenn statt des Kindes der nicht verwandte und nicht mit der Erblasserin verheiratete

Lebensabschnittspartner der Frau die Immobilie erben würde, da ja dann laut Tabelle der Multiplikator 2,0000 zur Anwendung kommen und der Freibetrag wegfallen würde.
Pauschal lässt sich sagen, dass gerade bei Kindern und Ehegatten zuerst nachgerechnet werden sollte, ob es sich überhaupt lohnt, „steuersparende" Vorgehensweisen zu übernehmen.

Abgesehen davon ist zwar laut spanischem Gesetzestext das Vorvermögen der Erben auch bei beschränkt Steuerpflichtigen, beispielsweise also auch bei Deutschen, die ihren Hauptwohnsitz in Deutschland haben, zu berücksichtigen. In der Praxis läuft es aber darauf hinaus, dass sich das spanische Finanzamt mit der Erklärung zufrieden gibt, dass das Vorvermögen unterhalb des Betrages von 402.678,11 Euro liegt und dann kein steuererhöhender Multiplikator zur Anwendung kommt.

Selbstveranlagung

Die Erben sind verpflichtet, im Rahmen der Selbstveranlagung – *autoliquidación* – eine Erbschaftsteuererklärung abzugeben und selbst die Steuer zu berechnen und Nachweise beizufügen.

Für in Spanien nicht residente Personen gibt es für die Erbschaftsteuererklärung das Formular 652 „Vereinfachte Erklärung Erbschaftsteuer" – el modelo 652 „Impuesto sobre Sucesiones. Declaración Simplificada" (Steuerbehörde *Agencia Tributaria* www.aeat.es).

Die Erbschaftsteuererklärungen sind innerhalb von sechs Monaten nach Eintritt des Erbfalles oder Kenntnis vom Erbfall abzugeben, aber es besteht auf Antrag die Möglichkeit einer Fristverlängerung.

Erbschaftsteuertabelle

Steuerpflichtiger Erwerb bis zu Euro	Steuerbetrag in Euro	Maximaler Restbetrag bis zu Euro	Steuersatz auf Restbetrag
0,00	0,00	7.993,46	7,65 %
7.993,46	611,50	7.987,45	8,50 %
15.980,91	1.290,43	7.987,45	9,35 %
23.968,36	2.037,26	7.987,45	10,20 %
31.955,81	2.851,98	7.987,45	11,05 %
39.943,26	3.734,59	7.987,45	11,90 %
47.930,72	4.685,10	7.987,45	12,75 %
55.918,17	5.703,50	7.987,45	13,60 %
63.905,62	6.789,79	7.987,45	14,45 %
71.893,07	7.943,98	7.987,45	15,30 %
79.880,52	9.166,06	39.877,15	16,15 %
119.757,67	15.606,22	39.877,15	18,70 %
159.634,83	23.063,25	79.754,30	21,25 %
239.389,13	40.011,04	159.388,41	25,50 %
398.777,54	80.655,08	398.777,54	29,75 %
797.555,08	199.291,40	und höher	34,00 %

Multiplikationskoeffizienten bezüglich Vorvermögen

Vorvermögen des Erwerbers in Euro	Multiplikationskoeffizient		
	I u. II	III	IV
von 0			
bis 402.678,11	1,0000	1,5882	2,0000
über 402.678,11			
bis 2.007.380,43	1,0500	1,6676	2,1000
über 2.007.380,43			
bis 4.020.770,98	1,1000	1,7471	2,2000
über 4.020.770,98	1,2000	1,9059	2,4000

7.8 Doppelt besteuerte Bankkonten und Wertpapierdepots

Eine unerfreuliche Besonderheit gibt es bei der Vererbung von spanischen Kontoguthaben und Wertpapierdepots. Die auf in Spanien für Kontoguthaben und Wertpapierdepots gezahlte spanische Erbschaftsteuer darf nicht auf die deutsche Erbschaftsteuer angerechnet werden. Die Regelung verstößt nicht gegen europäisches Recht (EuGH, C-67/08). In diesem Fall kommt auch kein Abzug als Nachlassverbindlichkeit in Betracht (BFH II R 10/12).

Einen kleinen Trost gibt es aber, so die Entscheidung des BFH: „Führt die Doppelbesteuerung zu einer übermäßigen, konfiskatorischen Steuerbelastung, kann eine Billigkeitsmaßnahme geboten sein." Allerdings ist es empfehlenswerter, keine hohen Bankguthaben und Wertpapierdepots in Spanien zu besitzen, dann kann es auch nur zu einer sehr geringen Doppelbesteuerung kommen.

7.9 Spanische Erbschaftsteuer verjähren lassen?

Es gehört fast zum guten Ton, darauf hinzuweisen, dass man doch einfach abwarten solle, bis die Verjährungsfrist für die Erbschaftsteuer in Spanien abgelaufen ist. Diese beträgt praktisch gesehen circa fünf Jahre (rechtlich vier Jahre). Die Frist selbst beginnt nämlich nicht mit dem Todesfall sondern erst mit dem Ablauf der Erklärungsfrist von sechs Monaten zu laufen. Und falls die Erklärungsfrist verlängert worden sein sollte, erst mit Ablauf dieser verlängerten Frist. Dass dies funktionieren könnte, mag sein. Auf der anderen Seite muss der Erbe eben auch abwarten, bis er völlig frei und ohne die Befürchtung, dass sich das Finanzamt noch vor der Verjährung meldet, über die Immobilie verfügen kann.

Seit vielen Jahren gibt es außerdem die Neufassung des Art. 25 des spanischen Erbschaftsteuergesetzes, wonach die vierjährige Verjährung erst mit Vorlage der Urkunde bei der spanischen Behörde beginnt, falls die Urkunde von einem ausländischen Notar oder Beamten errichtet worden ist. Nicht völlig geklärt ist, ob damit jede Art von Urkunde gemeint ist, also auch die Sterbeurkunde, oder nur die notarielle Erbschaftsannahmeerklärung. Ist damit die Erbschaftsannahmeerklärung gemeint, dann würde es ausreichen, diese Erklärung nach Ablauf der Verjährungsfrist vor einem spanischen Notar oder Konsul beurkunden zu lassen, ohne dass die Verjährungsfrist neu zu laufen beginnen würde. Allerdings gibt es für diese Meinung keine Garantie, es kann aber auch nicht festgestellt werden, dass diese Vorgehensweise in der Praxis schon generell gescheitert ist. So gilt es, die Entwicklung in dieser Frage im Auge zu behalten. Abgesehen davon wird ein Kaufinteressent Interesse daran haben, dass er selbst nach Abschluss des notariellen Kaufvertrages sofort im Eigentumsregister als neuer Eigentümer eingetragen werden kann. Dies ist aber nur möglich, wenn der Erbe beim Verkauf die in Spanien notwendige notarielle Erbschaftsannahmeerklärung beim Notar abgibt.

7.10 Wertzuwachssteuer – „plusvalía“

Hinsichtlich der Wertzuwachssteuer auf urbanistische Grundstücke (betrifft also nur das Grundstück, nicht aber den Wertzuwachs von Gebäuden) – *Impuesto sobre el Incremento del Valor de los Terrenos de Naturales Urbana*, die neben der Erbschaft- und Schenkungsteuer anfällt, sei auf das 2. Kapitel Kauf verwiesen.

8 Deutsche Schutzvereinigung Auslandsimmobilien e. V.

Damit Sie auf der sicheren Seite sind!

Der Immobilienkauf und -besitz in Spanien ist eine sichere Angelegenheit, wenn Sie denn gut informiert und beraten sind. Damit Sie die Immobilie nach dem Kauf in aller Ruhe genießen können, haben Sie mit der DSA e. V. als anerkannte Verbraucherschutzorganisation den richtigen Ansprechpartner: www.dsa-ev.de, Telefon 0761/55012, E-Mail info@dsa-ev.de.

Tipp

Den Autor dieses Ratgebers können Sie im Rahmen eines kostenlosen 5-Minuten-Gespräches kennenlernen. Sie rufen einfach dienstags oder donnerstags zwischen 14:00 und 17:00 Uhr an: 0761/55012.

Aktuelle Information und anwaltliche Beratung inklusive

Im Rahmen einer Mitgliedschaft erhalten Sie die ideale Kombination von aktueller Information mittels unserer Zeitschrift AUSLANDSIMMOBILIEN mit Sonderteil Spanien und spezialisierter anwaltlicher Beratung für Spanien ohne zusätzliche Gebühren. Der jährliche Mitgliedsbeitrag beträgt nur 215 Euro. Die Kündigung der Mitgliedschaft ist schriftlich mit einer Kündigungsfrist von 3 Monaten jeweils zum Jahresende möglich.

Antrag auf Mitgliedschaft

Per Fax: 0761/55013 oder per Post an

DSA e. V.,
Zähringerstraße 373,
79108 Freiburg

oder online unter www.dsa-ev.de.

Name, Vorname: ....

Straße: ....

PLZ, Ort: ....

Antrag auf Mitgliedschaft bei der DSA e. V. –
bitte ankreuzen:

o Ja, ich möchte der Deutschen Schutzvereinigung Auslandsimmobilien e. V. beitreten (Jahresbeitrag 215,–, bei Beitritt im IV. Quartal gilt der Beitrag auch für das folgende Jahr). Die Kündigung der Mitgliedschaft ist schriftlich mit einer Kündigungsfrist von 3 Monaten jeweils zum Jahresende möglich.

....
Ort, Datum Unterschrift

Nach erfolgter Anmeldung haben Sie ein vierzehntägiges Rücktrittsrecht und können innerhalb dieser Frist ohne Angabe von Gründen die Mitgliedschaft schriftlich stornieren. Zur Fristwahrung genügt die rechtzeitige Absendung. Das gesetzliche Widerrufsrecht erlischt aber dann vorzeitig, wenn Sie als neues Mitglied vor Ablauf der Frist die Beratung der DSA in Anspruch genommen haben (§ 312d III BGB).

9 Stichwortverzeichnis